Henri DE LA TOUR

—

JEAN DE CANDIDA

MÉDAILLEUR, SCULPTEUR, DIPLOMATE, HISTORIEN

PARIS

CHEZ C. ROLLIN ET FEUARDENT

4, place Louvois, 4

—

1895

Henri DE LA TOUR

JEAN DE CANDIDA

MÉDAILLEUR, SCULPTEUR, DIPLOMATE,
HISTORIEN

PARIS

CHEZ C. ROLLIN ET FEUARDENT

4, place Louvois, 4

1895

MACON, PROTAT FRÈRES, IMPRIMEURS

JEAN DE CANDIDA

Pl. VI, VII, VIII et IX.

Le médailleur Jean de Candida, le conseiller et
l'ambassadeur de Charles VIII, le portraitiste et
l'ami de Robert Briçonnet, cet inconnu de la veille
dans lequel M. L. Delisle avait deviné une personnalité[1], Jean de Candida appartenait à la vieille famille
napolitaine des Filangieri. Nous établirons tout à
l'heure sa filiation ; et nous tâcherons de mettre en
lumière sa valeur comme artiste et de préciser autant
que possible, chemin faisant, son rôle comme diplomate. Cette étude aidera, nous l'espérons, à faire
connaître la part d'influence que les Napolitains ont
eue dans notre pays à la fin du xv\ siècle, tant au
point de vue politique qu'au point de vue artistique.

C'est par l'art napolitain que la France s'est mise
en contact avec la Renaissance italienne[2]. Et pourtant Naples est, en fait d'artistes, la ville la plus
pauvre de l'Italie, puisqu'elle a dû emprunter à l'Italie
du Nord ceux qui l'ont illustrée et qui forment cet
ensemble de talents que l'on est convenu d'appeler
l'École napolitaine. Naples a vu passer en France ses
enfants adoptifs les plus célèbres et les plus aimés.

1. L. Delisle, *Bibliothèque de l'École des Chartes*, 1890, pp. 310-312.
Cf. E. Müntz, *Hist. de l'art.*, t. II, p. 820.

2. L. Courajod, *Gaz. archéol.*, 1887, p. 160. — Cf. H. de la Tour, *Pietro da
Milano*, Paris, 1893, in-8°.

Jusqu'à présent, parmi ces artistes, on nommait : Francesco Laurana, qui revint en Provence à plusieurs reprises et y mourut ; Giuliano da San Gallo, qui parcourut le midi de la France; l'illustre Fra Giocondo et enfin Guido Mazzoni, le sculpteur officiel de Charles VIII et de Louis XII, qui passa près de vingt ans dans notre pays[1]. A cette liste, nous avons proposé d'ajouter Pietro da Milano, sculpteur et architecte favori du roi de Naples, qui n'est autre, selon nous, que le médailleur si connu de la famille d'Anjou[2].

Mais Naples ne donnait ainsi à la France que des enfants d'adoption. Avec Jean de Candida, elle donne plus encore, car il s'agit d'un de ses propres enfants; à moins qu'on ne prétende, en admettant l'origine normande de la famille Filangieri[3], que la mère-patrie, en recevant cet artiste, ne faisait que rouvrir ses portes à un enfant prodigue. A celui-là, on devra accorder une bonne place dans l'histoire de notre art français, car il eut une influence restée latente jusqu'à nos jours, mais certainement très effective.

Tombé dans l'obscurité, perdu dans un recueil d'œuvres diverses connu des seuls bibliophiles normands[4], le nom de Candida serait, bien probablement, resté inconnu longtemps encore sans l'heureuse trouvaille de M. Léopold Delisle. Dès l'abord, M. Delisle eut l'intuition de l'importance de sa

1. E. Müntz. *Histoire de l'art*, t. I, p. 120.
2. *Revue numismatique*, 1893.
3. Berardo Candida-Gonzaga, *Casa Filangieri*, Naples, 1887, in-4°, pp. 1 et sq.
4. *Guilielmi de Mara celeberrimi juris doctoris epistolæ*, etc., Paris, F. Regnault, 1514.

découverte et il s'empressa de la signaler[1] : semblable en cela à ces explorateurs qui savent, d'un coup d'œil, deviner la fertilité et la richesse d'un pays inconnu et qui, sans attendre de l'avoir parcouru, s'empressent d'indiquer à tous les régions qu'ils viennent de découvrir.

On se le rappelle, l'auteur de ce recueil était un certain humaniste nommé Guillaume de la Mare, bas-normand d'origine. Guillaume de la Mare était né au Désert, arrondissement de Saint-Lô, en 1451 ; il fut secrétaire successivement de Robert et de Guillaume Briçonnet, recteur de l'Université de Caen ; devint chanoine honoraire de l'église de Coutances et mourut dans cette ville le 11 juillet 1525[2]. L'une des lettres[3] qui composent l'ouvrage dont nous venons de parler était écrite à Jean de Candida lui-même, au nom de Robert Briçonnet. Ce dernier se dit l'ami de notre artiste ; il lui décerne les titres un peu hyperboliques de très grand historien et « orateur », et le nomme le plus habile sculpteur et modeleur de l'époque ; enfin, il le remercie et le félicite en même temps de l'exécution d'une médaille le représentant lui-même, et si merveilleusement réussie qu'il ne manque plus à cette œuvre que le souffle de la vie, le *spiraculum vitæ*.

---

1. On sait combien sont rares les documents concernant les artistes de cette époque, et avec quelle amertume M. Natalis Rondot, parlant des médailles faites en France, avouait, il y a neuf ans (*Rev. numism.*, 1885, p. 212), n'avoir pu « rien trouver sur les auteurs des médailles du xve siècle et des premières années du xvie siècle ».

2. Ed. Frère, *Manuel du bibl. normand*. Cf. Oursel (*Nouvelle biogr. normande*) qui fait mourir G. de la Mare le 11 juillet 1530.

3. Lettre XXII, fol. 8, v[o].

Dans son article, M. Delisle prouvait que ces expressions élogieuses n'étaient pas de ces flatteries détestables que les humanistes du xvie siècle avaient malheureusement l'habitude d'adresser aux artistes[1], mais qu'elles avaient un fond de vérité. Jean de Candida, qualifié *orator* — appellation qui, dans le langage de l'époque, signifie ambassadeur — avait, en effet, représenté Charles VIII à Rome en 1491; il avait été pensionné par le roi de France et, d'après la lettre déjà citée, on pouvait lui attribuer au moins l'une des deux médailles de Robert Briçonnet, la charmante pièce d'Antonio Gratia Dei et, peut-être aussi, son propre portrait.

L'intérêt était suffisamment excité, puisque l'on savait qu'il avait existé en France, entre 1491 et 1493, un artiste, probablement italien, ami de Robert Briçonnet, à la fois sculpteur et médailleur, historien et diplomate. qui ne pouvait manquer d'avoir joué un certain rôle à cette époque. Il s'agissait, dès lors, de découvrir la nationalité de Jean de Candida, de rechercher ses œuvres, de déterminer les caractéristiques de son style et, jugeant l'artiste, de dire la valeur exacte des expressions pompeuses qui lui avaient été décernées par son ami.

Mettant aussitôt à profit la découverte de M. Delisle, Aloïs Heiss se livra à la recherche épineuse des œuvres de Candida et lui attribua un certain nombre de médailles[2]; puis, se lançant dans les hypothèses, il voulut faire de Candida un Florentin et le proclama

---

1. E. Plon, *Leone Leoni*, 1887, in-4°, p. 33.
2. *Rev. numismatique*, 1890, pp. 453-479.

élève de Pollaiuolo, sous le spécieux motif que l'on peut attribuer à Candida certaines pièces données antérieurement à Pollaiuolo.

Pourtant, la vraie patrie de notre médailleur restait inconnue, ainsi que ses œuvres les plus importantes. La moisson avait été hâtivement faite, et, dans la gerbe, l'ivraie s'était mêlée au bon grain ; l'autorité de Friedlaender avait quelquefois induit Aloïs Heiss en erreur. On le voit, Candida n'est plus un inconnu pour les historiens de l'art, mais il est loin d'occuper la place à laquelle il a droit, selon nous.

Ajouter quelques bons épis à la gerbe en formation et supprimer l'ivraie, découvrir la patrie de notre artiste, le faire connaître comme homme, préciser rapidement sa situation comme diplomate, surtout déterminer son mérite comme médailleur et son rôle dans le mouvement artistique de la Renaissance, voilà notre but.

Les résultats auxquels nous sommes arrivés nous permettent d'affirmer que, par l'importance de son œuvre et la célébrité des personnages qu'il a représentés, par sa spécialité artistique, par sa patrie et sa famille, par sa situation à la cour de Bourgogne et à la cour de France, par ses hautes relations, par les importantes négociations auxquelles il fut mêlé, enfin, par le séjour prolongé qu'il fit en France, Candida doit occuper une place à part dans l'histoire de l'art, parmi les initiateurs de la Renaissance italienne dans notre pays.

Quelques mots pour expliquer certaines expressions de la lettre de Briçonnet et faire saisir en même temps ce que fut l'influence de Candida.

Notre artiste arriva dans les domaines de la maison de Bourgogne durant le troisième tiers du xve siècle, à cette époque où l'art italien est encore plein de jeunesse, de poésie, d'amour vrai de la nature. C'est l'heure des convaincus, des imaginatifs, des penseurs ; pas encore celle des maîtres habiles, qui parfois amusent et charment, mais ne savent plus passionner ni retenir. Point de pose, de mise en scène recherchée, point de ces effets de *terribilità* qui sont la plaie du siècle suivant. Aussi bien, les ambassadeurs français se laissent-ils prendre à tant de séduction.

Voilà le véritable âge d'or de la médaille. Presque à ses débuts, elle est cultivée par d'innombrables artistes, auxquels toutes les branches de l'art sont familières et qui, dans toutes, apportent leur supériorité d'intelligence et de technique. La médaille fondue, la seule qui fut d'un usage courant alors, devait d'ailleurs les séduire par la facilité et la rapidité de l'exécution ; de même qu'elle garde pour nous le charme pénétrant de toutes les œuvres vivement exécutées en face de la nature, et qui nous transmettent, sans les refroidir par les lenteurs de la gravure en creux, toutes les vives émotions de l'artiste : ses impatiences et ses enchantements en face du modèle, sa nervosité et sa morbidesse, les vives pénétrations ou les caresses de son ébauchoir. Cet art est celui que notre médailleur cultiva et fit connaître à toute la France. La médaille, goûtée chez nous dès l'époque de Jean de Berry [1], ainsi qu'on l'a

---

1. J. Guiffrey, *Rev. numism.*, 1890, pp. 87-116.

établi déjà, fut, grâce à la rapidité de sa reproduction
et à la facilité de sa diffusion, un des propagateurs
les plus puissants de l'art italien. Le long séjour de
notre médailleur en France prouve de nouveau que
cet art n'attendit pas l'époque de François Ier, ni même
le temps de l'expédition de Charles VIII pour se
faire connaître et admirer par les artistes français.

Maintenant, se lamente qui voudra sur l'influence,
désastreuse à toutes les époques, de l'art italien sur
notre art national ; cette idée a ses tenants. D'une
part, je ne vois pas qu'on puisse nier la supériorité
de l'art italien vers la fin du xve siècle ; et, d'autre
part, je ne puis comprendre ce que les artistes
peuvent perdre, même de leur originalité, par la con-
templation de choses vraiment belles, qu'elles soient
vivantes et encore instables dans la nature, ou bien
définitivement fixées dans des œuvres supérieures à
celles qu'ils peuvent voir autour d'eux.

En ce qui concerne Jean de Candida, nous le considérons, jusqu'à plus ample informé, comme un des
artistes ayant le plus contribué à faire goûter l'art
italien chez nous, et nous ne sentons pas en quoi son
œuvre simple et savoureux, naturaliste et distingué à
la fois, aurait pu mal impressionner nos artistes.
Postérieur de peu à Pierre de Milan et à Laurana,
moins réaliste que ces deux maîtres, délicat et pon-
déré, il était bien fait, au contraire, pour exercer une
heureuse influence sur le génie français, toujours
épris de vérité et ennemi des outrances.

Ainsi que les grands artistes de cette époque,
Candida ne fut pas un « spécialiste ». Il ne se con-

tenta pas seulement de modeler des médailles, il pratiqua aussi la grande sculpture, maniant, non seulement l'ébauchoir, mais aussi le ciseau, comme semble le prouver cette fin de la suscription de la lettre de Robert Briçonnet : « ... sculptoriæ artis atque plastices hac ætate omnium consummatissimo. » La plastique paraît donc bien séparée de la sculpture proprement dite. Bien que Candida ait pratiqué ces deux arts, je suis cependant porté à croire qu'il s'attacha plutôt à la plastique, dont la pratique se conciliait mieux avec sa vie de diplomate et ses fonctions auprès d'une cour toujours errante. La plastique permet d'improviser des œuvres avec la plus grande rapidité, en toutes circonstances et en tout lieu ; en effet, dans la pratique de cet art, les matières premières sont communes et sans valeur, et il n'est pas nécessaire d'avoir une installation fixe et coûteuse. D'ailleurs, les médailles de Candida appartiennent purement à la plastique ; elles ont toutes été modelées, puis coulées sans que le ciseleur ait eu à les retoucher. Cet art de la plastique fut, on le sait, cultivé pour lui-même et très en honneur en Italie pendant toute la durée du xve siècle. Les terres cuites, les stucs, les terres émaillées ou peintes abondent dans tous les musées de l'Europe. Sans vouloir nommer les *plasticatori* les plus illustres, il nous suffira de citer en ce moment le célèbre médailleur et graveur de médailles, Caradosso, qui exécuta des frises en terre cuite pour l'église San Satiro à Milan. Ce fut probablement Candida qui, prêchant d'exemple, fit connaître à la cour de France le mode-

lage en terre, polychrome ou non. A cette époque, où
le faste était considéré comme nécessaire pour rendre
en quelque sorte tangible la puissance royale, pas un
artiste de cour ne dut être apprécié à l'égal de notre
Candida; celui-ci était aussi capable de diriger une
négociation épineuse que d'organiser une entrée prin-
cière ou une fête, d'en exécuter la décoration sculpturale, ou d'en célébrer l'éclat dans un latin pompeux.
L'influence du *plastico* napolitain, J. de Candida,
prépara ainsi la venue en France du plus célèbre des
« plasticatori » et des maîtres de l'École napolitaine,
Guido Mazzoni, appelé aussi le Modanino ou le Paga-
nino; cette influence fit que Charles VIII choisit,
entre tous les artistes italiens, pour son sculpteur
officiel, un représentant de l'art que Candida cultivait
lui-même. Il faut ajouter que les exemples donnés
par Candida et le Modanino dans la ville de Tours,
centre artistique alors sans pareil en France, portèrent
leurs fruits. Depuis la fin du xv⁰ siècle jusqu'à la fin du
xvi⁰, depuis Michel Colomb jusqu'à Germain Pilon et
à Palissy, une foule d'artistes français ont employé
les mêmes procédés que les Italiens.

Ce mot « plastices » expliqué, on peut se demander
si le médailleur J. de Candida a été aussi graveur
de sceaux et, par suite, de médailles? On serait porté
à le croire au premier abord, car les expressions de
la lettre de Briçonnet semblent formelles : « ... epistolas figuræ et imaginis nostrae sigillo impressas. »
Cela nous paraît cependant assez douteux, car la technique de la gravure et l'instabilité de la cour à laquelle
était attaché Candida se réunissent pour écarter cette

hypothèse. Personne, en effet, n'ignore les difficultés et les lenteurs de la gravure en creux ; de plus, rien dans les œuvres de Candida ne rappelle le graveur ou l'orfèvre ; enfin, les sceaux à portraits sont exceptionnels à toutes époques et, en particulier, au xv° siècle. Ne pourrait-on pas supposer qu'il ne s'agissait que d'une reproduction de médaille, en cire à sceller, ou d'un de ces estampages, d'une de ces empreintes en papier telles que savaient les faire alors tous les changeurs [1] ?

Que Candida ait gravé ou non des médailles ou des sceaux, il n'en reste pas moins l'un des plus actifs propagateurs de la Renaissance italienne parmi nous. Nous verrons qu'il fut lié avec tous les humanistes, tous les Mécènes, tous les grands personnages de l'époque.

II

Nous venons d'indiquer ce que l'on sait actuellement de Candida et nous avons tâché de faire comprendre l'importance du rôle de cet artiste ; d'avance, nous avons dit qu'il était originaire du royaume de Naples. Il nous reste à compléter, autant qu'il nous sera possible, sa généalogie d'après le peu que donnent les publications et les documents napolitains.

Le nom de Candida est celui d'un fief situé dans le royaume de Naples et qui a appartenu à la grande famille des Filangieri, du xiii° siècle jusqu'au milieu du xv°, époque à laquelle il passa à la famille Carrac-

1 J.-A. Blanchet, *Le livre du changeur Duhamel, Rev. numism.*, 1891.

ciolo[1]. C'est en 1269, qu'un rameau des Filangieri,
suivant l'usage des familles françaises, prit le nom
de ce fief et s'appela de Candida, formant ainsi une
branche nouvelle, aujourd'hui représentée par M. le
comte Berardo Filangieri, qui a repris récemment
l'ancien nom de Candida. Il est l'auteur de la rare
publication déjà citée, *Casa Filangieri*. Nous ne pouvons le nommer ici sans nous acquitter de l'agréable
devoir de lui offrir tous nos remerciements pour l'extrême obligeance qu'il nous a montrée.

Notre artiste appartient à la branche des Filangieri, patriciens de Bénévent, nobles de Nola, barons
de Saint-Nicolas, de Tufara, de Cotignano, de Mon-
taperto, etc.[2]. Trois Giovanni de Candida ont vécu à
la même époque[3]. L'un d'eux fut évêque de Bovino
de 1477 à 1494; il est connu comme littérateur et
légiste[4], et ne peut être confondu avec notre diplo-
mate-médailleur, dont il aurait été, chose bien extraordinaire, le grand-oncle.

L'autre eut pour père Nicolo, écuyer du roi; il
obtint le titre de notaire du royaume et reçut l'au-
torisation de vendre à son bénéfice 400 chars de sel.
Il aurait été secrétaire de la duchesse de Bourgogne
en 1475[5].

Le troisième enfin, fils de Salvatore, noble de
Bénévent, des barons de Saint-Nicolas, est désigné

1. *Casa Filangieri*, p. 212.
2. *Casa Filangieri*, tableaux IX, XIX et XXIV.
3. Nous passons sous silence ce « Giovanni della Candida » qui épousa une
petite-fille de Guillaume, comte de Campobasso, mais resta toujours le serviteur fidèle des princes aragonais. *Casa Filangieri*, pp. 156-159.
4. *Casa Filangieri*, tabl. XXIV. Cf. Ughelli, *Italia sacra*, 1721, f° 268.
5. *Casa Filangieri*, pp. 354-355 et tableau XIX.

comme secrétaire de Charles VIII, en 1495, et protonotaire apostolique [1].

Dans ce dernier personnage, il faut indubitable-
ment reconnaître notre artiste, qui, après avoir eu le
titre de conseiller du roi, en 1491, aurait porté, en
1495, celui de secrétaire[2], et obtenu, vers le même
temps, celui de protonotaire, en échange, probablement, des services dont nous aurons à parler plus loin.

Quant au fils de Nicolo, c'est à tort qu'on lui attribue les fonctions de secrétaire de la duchesse (lisez
du duc) de Bourgogne ; le généalogiste a été induit
en erreur par la similitude des noms. Il n'est vraiment pas admissible que deux Italiens, portant un
nom inconnu en France et dans les Flandres, aient
pu avoir les mêmes aptitudes et les mêmes talents, et
remplir des fonctions identiques dans deux cours
voisines; car nous allons voir que ce prétendu Jean
de Candida de la cour de Bourgogne a eu le titre de
secrétaire et a exécuté des médailles tout comme
celui de la cour du roi de France. A supposer
cette dualité possible, une appellation quelconque,
un surnom serait venu distinguer ces deux homo-
nymes qui auraient eu tant d'intérêts à ne pas être
confondus. M. le comte Filangieri-Candida s'est rangé
à notre opinion dans une lettre qu'il a bien voulu
nous écrire.

Ainsi donc, combinant ces deux notices avec les
documents publiés par M. L. Delisle, nous retien-
drons dès maintenant que le même Giovanni, fils de

1. *Casa Filangieri*, pp. 145-146, 154, 156 et 355, et tableau XXIV.
2. Claude de Seyssel fut aussi attaché au Conseil du roi en qualité de secré
taire.

Salvatore, patricien de Bénévent, a pu être notaire
du royaume; mais qu'il fut certainement secrétaire
du duc de Bourgogne, protonotaire apostolique,
ambassadeur, conseiller et secrétaire de Charles VIII.
Seule, la concession des 400 chars de sel paraît con-
cerner le Giovanni, fils de Nicolo. Nous tirerons parti
de ces faits dans le courant de cette notice.

Nous ignorons la date de la naissance de Jean de
Candida; mais elle est probablement antérieure à
1450, puisque, d'après la *Casa Filangieri*, il était déjà
au service de la maison de Bourgogne en 1475. Or,
il avait exécuté la médaille d'Antonio Gratia Dei
avant de quitter l'Italie, et son titre de secrétaire
ainsi que les médailles exécutées en Flandre, celle du
mariage de Maximilien et de Marie de Bourgogne, en
particulier, démontrent, selon nous, qu'il avait alors
au moins 25 ans. En effet, on n'eût pas confié à un
adolescent les importantes fonctions de secrétaire; de
plus, toutes les pièces exécutées en Flandre révèlent
un maître en pleine possession de tous ses moyens,
d'une habileté technique, d'une sûreté de coup d'œil
et d'une maturité de talent qui ne peuvent apparte-
nir à un novice dans l'art de la médaille.

Heiss pense que Candida fut « certainement l'élève
ou l'imitateur du Florentin Pollaiuolo, et, probablement, son compatriote[1] ». On sait à quoi s'en tenir
maintenant sur cette prétendue origine florentine;
nous n'insistons pas. Heiss n'avait, d'ailleurs,
étayé son hypothèse que sur cet argument « que,
parmi les personnages italiens représentés sur les

---

1. *Rev. numism.*, *loc. cit.*, pp. 473, 474.

médailles de Candida, ceux dont le lieu de naissance est connu étaient tous Florentins[1] ». Or, cet argument est absolument caduc, car aucune des trois médailles citées par Heiss, ne peut être attribuée à Candida.

Quant à faire de Candida l'élève de Pollaiuolo, c'est chose également inadmissible, cette affirmation n'ayant pour base que l'attribution, par le même auteur, à Candida, de la médaille de Philippe de Médicis auparavant « attribuée, mais sans preuves, à Antonio de Pollaiuolo[2] ». Il est bien clair que si cette attribution à Pollaiuolo n'est pas prouvée, on n'en peut tirer argument pour prétendre que Candida, véritable auteur de la médaille d'après A. Heiss, est élève de Pollaiuolo. Mais il y a plus, l'attribution de cette pièce à Candida ne résiste pas à un examen attentif de l'ensemble de l'œuvre de ce médailleur ; c'est ce que l'on verra plus tard.

Mais, si Candida n'appartient pas à l'École florentine, quels ont été ses maîtres, dans quel milieu a-t-il d'abord vécu ?

La question est délicate. Si nous l'étudions en ce moment, avant même de commencer l'examen des médailles et du style de Candida, c'est que cette étude préalable des premières médailles de notre artiste et de son portrait, nous permettra d'arriver, avec l'aide des documents, à savoir quelles furent ses premières fréquentations artistiques et littéraires et l'une de ses premières résidences.

---

1. *Rev. numism.*, p. 473.

2. A. Heiss, *Rev. numism.*, p. 473. — Cf. *Uebersicht der Kunshistorischen Sammlungen des Allerhöchsten Kaiserhauses*, Vienne, 1891, in-8°, p. 151.

Selon nous, Candida se rattache, par le style de ses médailles, à cette école mantouane composée de maîtres tels que Cristoforo Geremia, Melioli, Lysippe, dont les deux premiers travaillèrent pour le pape, les grands dignitaires de l'Église et les clercs de la cour pontificale. Une attentive comparaison entre les premières œuvres de Candida et celles de ces médailleurs, celles de Lysippe surtout, que l'on peut considérer comme son maître et son ami, le démontrent pleinement. Plus tard, il se laissa impressionner par la facilité et la puissance des œuvres de Nicolo Fiorentino et autres Florentins des dernières années du xvᵉ siècle.

PORTRAIT DE JEAN DE CANDIDA

La charmante médaille ovale « où, d'après Heiss, Jean de Candida s'est représenté lui-même », est certainement une des pièces les plus séduisantes de la

Renaissance italienne[1]. Mais est-elle bien de la main de Candida? C'est plus que douteux. Par la disposition et l'entente générale des plans, par la coupe caractéristique du buste en forme de croissant, par le type de certaines lettres (des C et des S particulièrement), elle diffère des œuvres de Candida et se rapproche de celles de Lysippe.

Ce dernier médailleur, malheureusement trop peu connu et apprécié, qui travailla pour Sixte IV, imitait, dans ses revers, les médailles antiques et se piquait de littérature grecque, inscrivant par exemple le mot ΕΛΠΙΖΕΙ au revers de la médaille de G.-F. Marascha, ou bien signant en lettres grecques la médaille du professeur de grec, Marinus Phileticus. Ce qui nous intéresse davantage, c'est qu'il était lié avec une foule de jeunes humanistes plus ou moins tonsurés et appartenant à la chancellerie ou à la cour pontificales. C'est, en effet, dans ce milieu, que sont pris la plupart des personnages représentés sur ses médailles; tels sont : le jeune Giulio Marascha, auquel il donne le titre d'ami et dont la pièce porte au revers cette couronne avec inscription en plusieurs lignes qui fut imitée par Jean de Candida[2]; Giovanni Francesco Marascha, acolyte apostolique et abréviateur, plusieurs fois cité par Burchard[3]; le Milanais Toscani, jurisconsulte, orateur et poète[4], attaché à la chancellerie pontificale comme avocat et

---

1. A. Heiss, *Rev. numism.*, 1890, p. 462, — Armand, *Les médailleurs italiens*, 2ᵉ édit., t. II, p. 85, n° 9.

2. Armand, *loc. cit.*, I, p. 55, n°2. Cf. Friedlaender, *Jahrbuch der Königlich Preussischen Kunstsammlungen*, 1881, pp. 183-184.

3. *Diarium*, édit. Thuasne, pp. 320, 319, 175. Armand, I, p. 55, n° 3.

4. Armand, II, pp. 28-29.

auditeur de la chambre; Antonio de Santa Maria,
« comes palatii [1] », et d'autres encore, à côté desquels
on pourrait citer, je crois, le cardinal de Saint-
Georges, à l'âge de dix-sept ans. Ces personnages,
presque tous fort jeunes, sont costumés comme
Jean de Candida sur sa médaille et, sauf le capuce
de docteur, à peu près comme l'Antonio Gratia
Dei, attaché, lui aussi, à la cour pontificale, et
dont la médaille est la première ou l'une des premières de notre médailleur. Les cheveux, coupés à
plat sur le front, s'allongent sur les oreilles et la
nuque; le bonnet rond, peu élevé, sans pointe ni quadrature, a des allures de calotte; le buste paraît vêtu
d'une tunique ou soutane et d'un manteau étroit,
boutonné très haut; dans le genre de l'accoutrement
du jeune clerc qui figure dans le *Songe de Polyphile* [2]
ou de celui que l'on voit au revers de la médaille de
Raphaël Maffei, l'écrivain apostolique [3].

Ainsi donc, le costume de Candida, qui le rattache
aux fonctionnaires pontificaux, les maîtres qu'il a
imités et qui s'illustrèrent surtout à Rome, la qualité
du premier personnage qu'il a représenté et qui dut
être son collègue et son ami, tout cela nous fait
croire qu'il passa au moins quelques années dans la
Ville éternelle. Cette hypothèse est confirmée par les
relations qu'eut sa famille [4] et celles qu'il eut plus

---

1. *Catalogue* de la vente Spitzer, pl. XXXIX, n° 1306. Armand, II, p. 77, n° 21.

2. Venise, 1499. Cf. le revers du Catelano Casali, jurisconsulte et protonotaire, (Heiss, *Sperandio*, pl. VI; Armand, t. I, p. 67, n° 15.)

3. Heiss, *Florence*, t. II, XXII, n° 6 et p. 239.

4. *Casa Filangieri*, tableau XXIV. Pietro fut secrétaire du pape, Giovanni fut
évêque de Bovino.

tard avec la cour pontificale, surtout par ce titre de protonotaire qui lui fut donné probablement un peu avant l'expédition de Charles VIII en Italie.

Pour quel motif et à quelle date Candida quitta-t-il Rome? Nous l'ignorons et ne voulons pas le rechercher, afin de ne pas tomber dans de pures hypothèses.

Nous avons vu dans la *Casa Filangieri* que notre « Giovanni » avait, dès 1475, le titre de secrétaire de la duchesse. Il s'agit bien plutôt ici du duc que de la duchesse, car cet artiste était sûrement au service du duc en 1476. En effet, un précieux document, dont nous allons donner la copie, nous apprend que Candida avait été pensionné par Charles le Téméraire; ce qui prouve bien qu'il était au service de ce dernier dès 1476, au moins, puisque le malheureux duc fut tué en janvier 1477.

Nous étions depuis longtemps convaincu que le groupe composé de la médaille de J. Carondelet et de sa femme (1479), de celle de J. de la Gruthuse et de Jean Miette (1479), de celle de Nicolas Ruter et, enfin, des deux plus importantes de la série, celles de Maximilien et de Marie de Bourgogne (pl. vi et vii), étaient sûrement de la même main et devaient toutes, après la découverte de M. L. Delisle, être attribuées à Candida, bien que Heiss repoussât ces deux dernières[1]. Cette conviction que j'ai eu, d'ailleurs, le plaisir de voir partagée par MM. les Directeurs du musée de Vienne[2], nous a fait dépouiller le volumi-

1. Pinchart (*Hist. de la gravure des médailles en Belgique*, Bruxelles-1870, in-4°, p. 4) les donne toutes à un artiste flamand inconnu, et Lenor mant (*Monnaies et médailles*, p. 282) déclare flamande la médaille du mariage de Maximilien et de Marie.

2. *Uebersicht der Kunsthistorischen Sammlungen des Allerhöchsten Kaiserhauses*, Vienne, 1891, in-8°, p. 151.

neux inventaire des archives de Lille, où nous avons
eu la chance de découvrir la désignation du document déjà indiqué plus haut [1].

Il s'agit là d'un ordre de payement donné à Bruges,
sous la signature de Ruter, par Maximilien d'Autriche
et Marie de Bourgogne, sa femme. en faveur de leur
« amé et féal secrétaire, maistre Jean de Candida...
« tant à cause de ses gaiges et pension qu'il avoit de
« feu nostre très chier seigneur et beau père, cui
« Dieu pardoint, comme à cause de ses journées et
« vacacions qu'il a faictes par notre ordonnance et
« commandement... nonobstant que ladicte debte
« par ceste fois n'appère aucunement par certiffica-
« cions de maistre de la chambre aux deniers et de
« l'argentier de nostre dit seigneur et père ».

Il s'agit donc là, on le voit, de rémunérer un travail extraordinaire, commandé directement par le
duc et la duchesse à leur secrétaire, mais qui ne ren-
trait pas dans ses attributions ordinaires. Or, c'est
précisément cette année même qu'a été modelée la
médaille du mariage, laquelle est du plus pur style
de Candida.

Voici *in extenso* cette importante pièce :

« Maximilian et Marie par la grâce de Dieu ducz
d'Ostrice, de Bourgoingne, de Brabant, de Lembourg,
de Luxembourg et de Ghelres, conte de Flandres,
d'Artois, de Bourgoingne, palatin, de Haynnau, de
Hollande, de Zellande, de Namur et de Zuytphen;

---

1. Nous devons la transcription de cette pièce à l'obligeance bien connue
de M. Finot, archiviste du Nord. (Lettre à nous adressée le 25 février 1891).

« marquis du Saint-Empire; seigneur de Frise, de
Salins et de Malines : à nos amez et féaulx les gens
et commis sur le fait de noz demaine et finances,
salut et dilection. Nous voulons et vous mandons que,
par nostre amé et féal conseiller et receveur général
de nosdictes finances, Nicolas Prévost, vous faictes
paier, bailler et délivrer des deniers de sa recepte à
nostre amé et féal secrétaire maistre Jean de Candida,
en argent comptant, la somme de cent escuz du priz
de XLVIII gros de nostre monnaie de Flandres
l'escu; en prest sur et en tant moins de ce qui lui est
ou peut estre deu tant à cause de ses gaiges et pension qu'il avoit de feu nostre très chier seigneur et
beau père cui Dieu pardoint, comme à cause de ses
journées et vacacions qu'il a faictes par nostre ordonnance et commandement, à prendre et avoir pour
une fois des deniers de noz finances nonobstant que
ladicte debte par ceste fois n'appère aucunement par
certifficacions de maistre de la chambre aux deniers
et de l'argentier de nostre dit feu seigneur et père,
dont de grâce espécial vous relevons. Et par rappor-
tant ces présentes et quittance dudit maistre Jean
Candida de la somme de cent escuz desdits priz et
monnoie, nous voulons icelle somme estre allouée ès
comptes et rabattue de la recepte de nostre dit receveur général, par nos amez et féaulx les gens de noz
comptes à Malines, ausquelz nous mandons que ainsi
le facent sans aucun contredit ou difficulté, nonobstant quelzconques ordonnances, mandemens ou
deffences à ce contraires. Donné en nostre ville de
Bruges le Xe jour d'octobre l'an de grâce mil CCCC
soixante-dix-sept.

(Plus bas) : Par Monseigneur le duc et madame la duchesse, Nicolas de Gondeval, Pierre Lanchals et autres présens.

(signé) : Ruter.

(Au dos) : Les commis sur le fait des demaine et finances de nostre très redoubté seigneur et dame les ducz d'Oistrice, Nicolas Prévost, receveur général de toutes les finances accomplissiez le contenu ou blancq de cestes tout ainsi et par la forme et manière que mesdits seigneurs et dame le mandent et vueillent estre fait. Escript sous le nom de l'ung de nous le XIIᵉ jour d'octobre l'an mil quatre cens soixante-dix-sept.

(Signé) : Gondeval. »

Archives du Nord, *Ch. des comptes de Lille*, art. B., 2112.

Ainsi donc, en 1477, Candida habitait les Flandres, où il était probablement installé depuis plusieurs années. En octobre, il était à Bruges, auprès de la cour, à laquelle l'enchaînaient ses fonctions de secrétaire. Il vivait là côte à côte avec les personnages les plus importants, dont il exécutait les portraits : Nicolas Ruter, qui porte sur sa médaille ce titre de *secrétaire* qu'avait alors Candida ; Jean Carondelet, président de Bourgogne, et sa femme, qui s'illustrèrent, le premier, par sa science et sa fidélité à ses souverains, la seconde, par son courageux dévouement. A côté d'eux, figurent un très grand seigneur, Jean de la Gruthuse, châtelain de Lille, et un gardien de prison, Jean Miette, avec lesquels il eut d'étroites relations dans un moment tragique de sa vie.

En effet, en 1479, Candida est toujours en Flandre,

mais il a échangé la cour pour la prison. Le souvenir de cet emprisonnement est conservé sur la médaille de Jean Miette. Cette pièce, particulièrement intéressante, est restée inexpliquée jusqu'à présent pour Van Mieris, Pinchart et M. Van Hende; aussi bien que pour Friedlaender, Armand et A. Heiss lui-même; cependant ce fait y est représenté d'une façon précise, avec légende explicative en toutes lettres. Nous avons dessiné avec tout le soin possible une des faces de ce petit monument, afin que nos lecteurs puissent en avoir sous les yeux une image nette et fidèle.

En voici la description d'après l'exemplaire uniface conservé à la Bibliothèque nationale, celui qui nous a servi pour notre dessin. Buste à droite, représentant un personnage imberbe coiffé d'une calotte, costumé d'un vêtement lacé sur la poitrine et d'un manteau à revers; devant le buste : ·: ichan miette: ; sous le buste : CVSTOS en belles capitales romaines;

derrière le buste, le mot INS-VLIS, coupé en deux par une haute tour à créneaux et à machicoulis, sur la base de laquelle on lit nettement : CARCER CANDIDE, en deux lignes; au dessous de la tour, dans le champ, la date 1489.

Je commence par constater que la lecture de ces inscriptions a été souvent fautive, et ne peut, cependant, être l'objet d'aucun doute, sauf sur un point, le nom du personnage, que l'on pourrait lire : Wette qui se rapprocherait de Witte, ou Nuette qui a été proposé par M. Van Hende. Toutefois, la leçon Miette me paraît préférable, car nous n'avons pas rencontré Nuette ou Wette dans les documents des contrées flamandes, tandis que le nom de Miette est assez répandu dans la Picardie et les Flandres, ainsi que nous le verrons plus loin.

Mais s'il s'agit de l'interprétation des légendes, la difficulté portera sur les trois mots : INS-VLIS | CARCER | CANDIDE, indiscutables tous les trois, et qui forment avec la tour une sorte de rébus. Ces mots ont été interprétés de diverses façons sans qu'on ait pu en deviner le sens.

Van Mieris [1], le premier (t. I, p. 167), lit : CVSTOS INSVLIS CARCER(is) CANDIDE, complétant ainsi bien malencontreusement la légende, afin de faire rapporter, au moyen d'un barbarisme, l'adjectif CANDIDE avec le mot CARCERIS qui n'en peut mais, puisqu'il est masculin. M. Van Hende [2] interprète d'une façon différente, il lit : « JEHAN NVETTE (en lettres

1. *Histori der nederlandsche Vorsten*, La Haye, 1732, in-fol.
2. *Numismat. lilloise*, Lille, 1858, in-8°, p. 203 et 204.

gothiques) INSVLIS CARCERIS CANDID. CVSTOS
1479 » et traduit ainsi : « Jean Nuette, prévôt intègre
de Lille » ; ce qui indique évidemment que M. Van
Hende a lu : Candidus Custos. Pinchart [1] n'essaie pas
d'expliquer cette légende, et sa leçon : « INSVLIS
CARCERE (*sic*) CANDIDE CVSTOS » prouve qu'il n'a
rien compris à l'énigme.

Friedlaender [2] est le premier qui ait entrevu la vérité
en ce qui concerne la paternité de cette pièce. En
effet, il rapproche, timidement d'ailleurs, le mot
CANDIDE du CANDID de la médaille d'Antonio Gratia Dei ; il serait porté à voir là une signature, mais
il n'essaie pas de pénétrer ce rébus qui donne à notre
médaille toute sa valeur historique et en fait un des
monuments les plus intéressants de la numismatique
de la Renaissance. D'ailleurs, sa tentative d'attribution eut peu de succès. Armand la combat dans ses
Médailleurs italiens (t. II, pp. 87 et 88), en s'appuyant
sur ce fait que CANDIDE se trouve hors de la place
où l'on voit habituellement les signatures des
artistes ; puis, se basant sur la disposition même des
mots, il fait de *Candide* un adjectif s'accordant avec
le mot *Carceris*, complété pour la circonstance, et il
traduit ainsi : « gardien de la prison blanche. » Heiss [3]
arrive à son tour et se trouve fort embarrassé entre
cette dernière affirmation et l'hypothèse présentée
par Friedlaender ; il penche toutefois vers l'opinion
du savant conservateur du musée de Berlin. Oui, il

1. *Hist. de la gravure*, 1870, in-4°, pp. 2 et 3.
2. *Jahrbuch der Königlich Preussichen Kunstsammlungen*, Berlin, 1882,
in-4, pp. 32 et 33.
3. *Rev. numism., loc. cit.*, pp. 465-467.

est bien d'avis que la médaille de Jean de la Gruthuse et de Jean Miette pourrait être attribuée à
l'artiste qui a signé le bronze d'Antonio Gratia Dei ;
quant au reste, c'est pour lui lettre close.

Il me semble pourtant que l'interprétation souffre
peu de difficulté, surtout quand on admet, comme
Heiss, que Jean de Candida a séjourné en Flandre,
ou mieux encore quand on établit, comme nous
venons de le faire, au moyen d'une pièce officielle, la
présence de notre artiste, à cette époque, dans les
pays flamands.

Ce mot *Insulis*, à l'ablatif, mis en vedette et encadrant, pour ainsi dire, la tour, indique le lieu même
où elle se trouve, Lille. En effet, la forme *Insulae*
est aussi fréquente que la forme *Insula* ; en tout cas,
c'est celle qui a été adoptée par Jean de Candida au
droit même de cette médaille, où on lit : « Johannes
de Gruthusa castellanus Insularum. » Sur la tour et
pour indiquer ce qu'était cette tour elle-même, sa
destination, on voit ces deux mots significatifs :
« Carcer Candide, » ce qui ne peut se traduire
qu'ainsi : « prison de Candida. » Cette traduction,
parfaitement simple, devient inattaquable si l'on
considère que notre pièce est sûrement du style de
Candida et absolument semblable aux quatre médailles suivantes, exécutées à la même époque, dans
le même pays, et attribuées en toute certitude à
notre médailleur, celles de Jean Carondelet et de
Nicolas Ruter et les deux pièces aux effigies de Marie
et de Maximilien (voir les pl. vi et vii). Nous pouvons
ajouter que les deux côtés de cette médaille se com-

plètent et s'expliquent mutuellement; ils nous donnent, au droit, le portrait du capitaine-châtelain de Lille, au revers, celui de son subalterne, le gardien (CVSTOS) de la prison où fut enfermé Candida.

Mais nous entendons répéter l'objection qui nous a déjà été faite : comment un artiste a-t-il pu prendre plaisir à rappeler son infamie et les heures attristantes de sa détention?

D'abord, la prison n'était pas vue au xve siècle du même œil que de nos jours; ensuite, rien ne prouve que Candida ait été emprisonné pour une cause infamante. Si l'on supprime l'idée de crime et d'infamie, il est tout naturel de supposer qu'il ait aimé à perpétuer, en même temps le souvenir de son infortune passée, et celui de sa reconnaissance pour deux hommes auxquels il devait ou sa délivrance ou du moins un adoucissement de peine.

A cette époque, on le sait fort bien d'ailleurs, les prisons étaient très libéralement ouvertes à tous; il était peu d'hommes politiques qui n'en eussent goûté peu ou prou. Jean de la Gruthuse, qui a laissé mettre Candida en prison (1479), va être pris la même année à Guinegate et faire connaissance avec les « fillettes » du roi de France, qui se chargeront de le convertir tout à fait à la cause royale. Son père, Louis de Bruges, sera arrêté deux fois, puis délivré, grâce aux efforts d'amis dévoués. Leur souverain à tous deux, ne fut-il pas saisi par les bourgeois de Bruges et enfermé dans le Cranenbourg? Énumérer les hommes de guerre faits prisonniers serait banal et trop long, même en ne prenant que les plus

illustres. Ce qui est piquant, c'est de voir les plus
fins renards se faire prendre au piège ; tels Louis XI
emprisonné par Charles le Téméraire et, plus tard,
Philippe de Commines, par le roi de France; tel
encore Alfonse d'Aragon pris par Philippe-Marie
Visconti, duc de Milan. Pour les uns, c'est une
manière de faire son entrée dans la vie politique, ainsi
pour Louis XII et pour son confident, Georges d'Amboise; pour d'autres, comme Ludovic le More, c'est
l'expiation finale des fautes politiques et des trahisons sans fin. Personne ne pouvait donc se flatter,
dans ce temps-là, de ne pas faire connaissance avec
quelque forteresse, et les geôliers avaient leur tour.
François de Pontbriant, sire de la Vilatte, capitaine
de Loches et, par suite, commandant de la grande
prison d'Etat de France, en fit, lui aussi, la dure
expérience.

On a conservé l'hymne d'allégresse d'Eustache Des-
champs délivré par Louis XI de la prison de Mehun.
Et pourquoi n'admettrait-on pas que J. de Candida
ait voulu célébrer à sa manière et conserver à la postérité le souvenir de sa délivrance et celui de ses
bienfaiteurs. Notre médaille est son chant d'allégresse.

Mais encore une fois, rien ne prouve que cette
prison ait eu quoique ce soit de déshonorant. D'ailleurs, le crime serait-il établi qu'il ne s'en suivrait
pas nécessairement que Candida n'eût pas voulu
relater sur le bronze le fait de sa captivité. Leone
Leoni[1], justement condamné par le pape pour assas-

---

1. E. Plon, *Leone Leoni*, Paris, 1887, in-4°, pl. I et XXIX.

sinat, ne s'est-il pas plu à représenter, au revers de sa propre médaille et de celle de son protecteur André Doria, son évasion des galères pontificales, et à graver autour de son propre buste, en guise de couronne triomphale, les fers du galérien.

Les preuves sont-elles suffisantes?

Nous venons de le voir, la prison était pour plusieurs le commencement de la sagesse, l'acheminement vers la fortune. Peut-être en fut-il ainsi pour J. de Candida. Dut-il sa liberté à J. de la Gruthuse et à Jean Miette? Rien de certain sur ce point; toutefois, il est probable que ces deux personnages contribuèrent à lui faire reconquérir sa liberté. Par reconnaissance, il modela l'effigie de ses libérateurs, tout comme Leone Leoni celle d'André Doria.

Candida et Leone Leoni se complurent, sentiment très humain, à rappeler le souvenir de leurs malheurs; l'un représenta la tour où il avait gémi, l'autre figura ses fers et la petite barque sur laquelle il s'était évadé[2]. Seulement, l'artiste du xve siècle se montre plus modeste que celui du xvie; son portrait n'apparaît pas, et l'énigme qui le concerne se déguisait si bien dans un coin de la médaille que l'explication perdue n'avait pas été retrouvée.

A quel moment précis Candida passa-t-il à la cour de France? Nous l'ignorons, comme tant d'autres détails de la vie de cet artiste. Il est permis de

---

1. *Rev. num.*, 1894, pp. 327-354.
2. Plon, *Leone Leoni*, pl. I et pl. xxix, n° 2. — Armand, *Les Médailleurs italiens*, t. I, p. 164, et t. III, p. 68.

croire qu'il y suivit de près son protecteur et ami,
J. de la Gruthuse.

Pour quels motifs abandonna-t-il le service de
Maximilien ? Sans doute parce que le roi de France,
plus puissant et plus riche que l'archiduc, lui offrit
une situation meilleure. Ainsi que nous l'avons déjà
dit à propos de Pietro da Milano [1], il n'y a pas à se
préoccuper de ces changements de maîtres et à supposer, pour les expliquer, des faits extraordinaires :
on offrait ses services pour de l'argent et des titres, et
on se donnait au plus offrant.

La trahison même était d'une pratique fort courante en tous pays. Il faut avouer pourtant ou que
les serviteurs de la maison de Bourgogne furent
très avides de changement, ou bien que les argu-
ments trébuchants employés par Louis XI furent
particulièrement appréciés par eux. La désertion des
serviteurs sur lesquels les princes bourguignons pouvaient le plus compter est une chose qui nous paraît
singulièrement attristante, mais qui ne semble pas
avoir soulevé l'indignation des contemporains. On
peut ajouter que, dans ce genre d'exploit, les compatriotes de notre Candida ne se laissèrent point dépas-
ser. Nous voyons, il est vrai, un guerrier, comme
Jacopo Galeota [2], servir loyalement les partis les plus
opposés ; mais en revanche, le prince Frédéric de
Tarente, venu pour solliciter la main de Marie de

---

1. *Rev. num.*, 1893, pp. 259-278.

2. Valton, *Revue num.*, 1887, pp. 76-80 et pl. III. — P.-M. Perret, *Jacques Galéot et la république de Venise. Bibl. de l'Ec. des Chartes*, 1891, pp. 590-614. — Les Galeota avaient eu des alliances avec les Filangieri. *Casa Filangieri*, pp. 94, 95.

Bourgogne, s'enfuit, après avoir combattu à Granson, juste à la veille de la bataille de Morat, à l'instigation de cet Angelo Catho, qui reçut plus tard la récompense de ses perfidies. Mais un maître traître fut assurément ce comte de Campobasso, Napolitain comme les trois personnages précédents, et d'une famille alliée à celle de Candida[1]. On sait qu'après avoir vainement offert à Louis XI et à René de Lorraine de les délivrer de son maître, il s'enfuit pendant la bataille de Nancy, au moment même où apparaissaient les Suisses du duc de Lorraine, et causa ainsi la mort de Charles le Téméraire. On verra plus tard un humaniste célèbre, Giovanni Pontano, comblé d'honneurs par les rois de Naples, embrasser avec enthousiasme la cause de Charles VIII, accepter le titre de conseiller du roi de France et prononcer le panégyrique du vainqueur, sans épargner les princes d'Aragon ; ingratitude rachetée d'ailleurs plus tard par un retour aussi convaincu à ses anciens maîtres, triomphants à leur tour. Laissons de côté ces Bourguignons, serviteurs intimes, sur la fidélité desquels leurs maîtres auraient dû pouvoir compter, les Philippe Pot, les Commines, les Des Querdes, les Guy de Rochefort[2]. Ils se donnaient au plus généreux, au plus riche, et mettaient dans leurs trahisons une naïve impudence qui nous stupéfie.

Nous avons assez montré de quelle façon se comportaient les émigrés napolitains, parents ou amis

---

1. *Casa Filangieri*, pp. 146, 156-159.
2. *Invent. sommaire des archives du Nord*, t. II, p. 190.

de Candida, comme lui engagés au service de la Bourgogne. C'étaient généralement des partisans des princes d'Anjou, qui s'étaient expatriés après les désastres de leur parti, avaient continué à servir la maison d'Anjou en France, puis avaient suivi les ducs de Bourgogne, pour se donner enfin au roi de France. Quelques-uns, cependant, comme Perron de Baschi, l'un des ambassadeurs les plus employés de ce temps, passèrent directement du service de Jean de Calabre, après la guerre du Bien public, à celui de Louis XI.

Tous ces illustres exemples de défection autorisaient donc Jean de Candida à choisir son moment pour entrer en marchandages avec le roi de France, Louis XI [1], qui, d'ailleurs, savait toujours y mettre le prix quand il le fallait et ne se piquait pas d'un premier refus.

Nous pouvons supposer que Candida, déjà détaché de la maison de Bourgogne par sa détention et l'instabilité des partis dans les Pays-Bas, dut suivre de près son ami Jean de la Gruthuse. Celui-ci, ayant été fait prisonnier à Guinegate, en 1479, l'année même où fut modelée sa médaille, avait eu alors le temps de réfléchir aux propositions avantageuses faites par le roi [2]. L'arrivée de Candida en France doit être reportée à peu d'années après ; car la seconde

---

1. Il est à croire que ce furent plutôt les talents diplomatiques et littéraires de Candida que ses talents artistiques qui attirèrent l'attention de ce roi plus amoureux d'intrigues que d'art.

2. *Biogr. nationale publiée par l'Acad. royale de Belgique*, t. VIII, pp. 387-388. — Van Praët, *Recherches sur Louis de Bruges*, Paris, 1831, in-8.

médaille de Maximilien et de Marie (pl. vii, n° 5) est
probablement de l'année même de la mort de cette
princesse ou peu antérieure, et nous sommes porté dès
lors à placer l'arrivée de Candida entre 1482 et 1483.

En tout cas, il est certain que J. de Candida se
trouvait en France au commencement du règne de
Charles VIII ; car il composa en latin pour le jeune
roi un résumé d'histoire de France, commençant à
Priam et finissant à l'avènement de Charles VIII[1].
Ainsi se trouve justifié, au sens strict du mot, le titre
d'historien décerné à Candida par Robert Briçonnet ;
mais « cette histoire ne présente par elle-même aucun
intérêt », la dédicace seule mérite l'attention[2]. Nous
n'insistons pas sur ce point ; il a été traité avec tous
les développements voulus dans le dernier numéro
de la *Bibliothèque de l'École des Chartes*, par notre
collègue, M. Couderc. C'est lui qui a bien voulu nous
signaler, avant même l'apparition de son article, la
note publiée il y a plus de quarante ans dans le
même recueil, et où il était déjà parlé d'un « certain
Joannes Candida » comme ayant composé pour le roi
Charles une histoire de France, dont le manuscrit
se trouvait parmi ceux de la Bibliothèque nationale[3].

Candida offrit son histoire dès les premiers temps
du règne de Charles VIII, afin de gagner la faveur
royale. Pour le même motif, Louis de Bruges donna
à Charles VIII le fameux manuscrit du tournoi, et
plus tard Jean de la Gruthuse, son fils, fit don à

---

1. *Bibl. de l'Ec. des Chartes*, t. XI (1849-50), p. 66.
2. C. Couderc, *Bibliothèque de l'École des Chartes*, 1894, pp. 564-567.
3. Ce manuscrit portait alors le n° 395 du supplément latin, il est inscrit
aujourd'hui dans le fonds latin sous le n° 10909.

Louis XII de la magnifique collection de manuscrits qui mérite d'immortaliser ce nom de Bruges[1].

On sait que le jeune Charles VIII s'exerça à l'étude de la langue latine et composa même des vers latins. Peut-être Candida fut-il un de ses précepteurs; du moins faut-il retenir que notre médailleur cherchait, dès cette époque, à s'attirer les faveurs royales.

C'est dans l'entourage immédiat du roi que Candida trouva à se lier avec Guillaume Briçonnet, qui accompagnait le souverain dans ses voyages[2], et qui devait arriver à une si haute fortune. Guillaume Briçonnet faisait partie à ce moment du Conseil de régence et du Conseil étroit, dans lequel se trouvait aussi Etienne de Vesc[3], personnage déjà des plus influents et qui allait partager avec Briçonnet toute la faveur du roi. Là aussi, Candida connut le jeune Artus Gouffier, enfant d'honneur et panetier de Charles VIII, qui devait être le précepteur de François Ier, l'illustre Boisy, le marquis de Carabas du dicton populaire, aussi célèbre par son goût pour les arts et les lettres que par sa grande fortune[4].

Candida est donc en France depuis 1482 ou 1483. Il vit probablement à la cour, où il est peut-être attaché à la personne du roi à titre de secrétaire, cherchant à conquérir ses bonnes grâces et lui composant en latin un petit résumé de l'histoire de France.

1. L. Delisle, *Le Cabinet des manuscrits*, t. I, 140-146, t. III, 356. Van Praët, *Recherches sur Louis de Bruges*, 1831, in-8.

2. Alphonse Dunoyer, *École des Chartes, Positions des thèses soutenues par les élèves de la promotion de* 1894. Chalon, 1894, pp. 5-13.

3. A. de Boislisle, *Etienne de Vesc, Ann. bull. de la Soc. de l'hist. de France*, année 1878, pp. 265-285, etc.

4. B. Fillon, *L'art de terre chez les Poitevins*. Niort, 1864, pp. 61-69.

En tout cas, il est bien certain que, dès 1491, il a conquis un titre officiel, celui de conseiller du roi, et a gagné la confiance, sinon du souverain lui-même, au moins de ses principaux ministres. Cette année-là, en effet, il fait partie d'une des plus importantes ambassades de cette époque. On a conservé les instructions et les noms de tous les ambassadeurs, parmi lesquels celui de J. de Candida, déjà relevé par M. L. Delisle et par A. Heiss[1]. A côté de Candida, il est bon de noter la présence d'un Jean Briçonnet, probablement le receveur des finances de Touraine, le frère de Guillaume.

L'année 1491 est celle des traités de La Flèche et de Laval. L'influence d'Anne de Beaujeu a disparu, et les hommes nouveaux, de Vesc et Guillaume Briçonnet, commencent à avoir la prépondérance dans le Conseil. On peut supposer que l'amitié de Guillaume Briçonnet, déjà puissant, fut pour quelque chose dans le choix de Candida. Ce choix n'est-il pas aussi une preuve de l'influence que commence à prendre le parti napolitain, à la tête duquel est le prince de Salerne, le véritable instigateur de la conquête napolitaine? Celui-ci s'emparera à ce point de la confiance royale, que Charles VIII l'aura presque toujours à côté de lui quand il recevra les ambassadeurs des diverses puissances italiennes[2].

D'ailleurs, dans les réunions auxquelles il est

---

1. L. Delisle, *Bibl. de l'Ec. des Chartes*, 1890, pp. 310-312. — A. Heiss, *Rev. num.*, 1890, pp. 454-456. — Burchard, *Johannis Burchardi diarium*, édit. Thuasne, t. I, pp. 549-55. — Cf. Godefroy, *Hist. de Charles VIII*, p. 617. — *Ordonnances des rois de France*, t. XX, p. 290.

2. A. de Boislisle, *loc. cit.*, 1880, pp. 225, 285, etc.

appelé en raison de son titre, Candida coudoie
nombre de ses amis, Français et Napolitains. Ainsi, à
une séance du Conseil, qui se tint au mois d'avril de la
même année, au bureau de la Chambre des comptes
de Paris[1], nous relevons les noms de : « maistre
Pierre de Sacierges, eslus évesque de Luçon, » dont
Candida exécute la médaille vers la même époque ;
celui de « maistre Pierre Cohardy, avocat », dont on
connaît aussi la médaille, et surtout celui de son plus
puissant ami, Guillaume Briçonnet, alors « conseiller
et général des finances ».

Nous devons ajouter que les instructions de l'ambassade de 1491 sont justement signées par un autre
ami de Candida, « Bohier, » sans doute Thomas
Bohier, le fondateur de Chenonceaux, le futur gendre
de G. Briçonnet, dont la médaille a été aussi modelée par notre artiste.

Si l'on s'appliquait à relever toutes les signatures
inscrites au bas des délibérations du Conseil du roi, on
retrouverait à peu près tous les noms des personnages
dont Candida modela les médailles après son arrivée
en France.

Peut-être Guillaume des Perriers ferait-il exception? G. des Perriers appartenait, depuis très longtemps, comme auditeur de rote, à la judicature
pontificale, et J. de Candida le connaissait certainement depuis l'époque déjà lointaine où il était attaché
à la cour de Rome. Evidemment, on n'y trouverait
pas non plus la signature de l'ambassadeur florentin
Neri Capponi, dont nous possédons la médaille.
Celui-ci, en effet, ne pouvait pas faire partie du

---

1. A. de Reilhac, *Jean de Reilhac*, Paris, 1886-1887, 2 vol in-4°, t. I, p. 337.

Conseil du roi ; mais au moins avait-il dû comparaître plusieurs fois devant ce Conseil, en raison même de ses missions auprès de Charles VIII, qu'il fut même chargé d'accompagner pendant une partie de l'expédition de Naples [1]. Au moment où se multiplient les intrigues qui doivent aboutir à cette expédition, Candida est sans nul doute fréquemment appelé à donner, devant le Conseil, son avis sur les choses d'Italie et surtout sur les affaires ecclésiastiques à traiter en cour de Rome et, par suite, à rencontrer les personnages que nous venons d'énumérer.

Il est bon de donner une idée sommaire des questions assez diverses signalées par le roi à l'activité de ses ambassadeurs.

Les instructions visent un grand nombre de questions spéciales : ne pas troubler Guillaume de Cambray, doyen de Beauvais, ni Louis Pot, évêque de Tournay ; obtenir la canonisation de Pierre Berland, archevêque de Bordeaux ; faire nommer Antoine du Bois cardinal ; faire exécuter les promesses du Pape touchant Zizim.

Les instructions visent aussi des questions plus générales : donner les bailliages et commanderies de Rhodes suivant la teneur des bulles ; traiter des droits que le Saint-Siège prétend sur les comtés de Diois et de Valentinois ; justifier les droits sur la Bretagne et les prétentions sur Tournay.

Mais il est des affaires qui ont une portée encore plus générale et une singulière importance : empêcher

1. Desjardins, *Négociat. diplom. de la France avec la Toscane*, Paris 1859, t. I, pp. 638-639.

que les étrangers ne tiennent des bénéfices ecclésiastiques en France sans permission du roi et sans lettres
de naturalisation; faire de nouveaux concordats
touchant les affaires bénéficiales et ecclésiastiques.

D'après Isambert, ces instructions seraient une
sorte de protestation contre les concessions de
Louis XI et contre le concordat postérieur de
François I[er][1].

De telles négociations exigeaient évidemment des
hommes habiles, versés dans l'étude du droit canon
et très au fait des usages de la cour de Rome. Candida était appelé à rendre de très grands services à
ses collègues pour de semblables affaires, à cause de
sa connaissance du pays et de la langue italienne, de
son séjour à la cour pontificale, et aussi de sa facilité
à parler et à écrire la langue diplomatique, le latin,
que tous les ambassadeurs étaient loin de connaître[2].

Les ambassadeurs français furent reçus à leur
entrée à Rome, le 11 novembre 1491, par une nom-
breuse et brillante escorte, dans laquelle Burchard[3]
signale particulièrement la maison du propre neveu
du Pape, Julien de la Rovère, cardinal de Saint-
Pierre *ad vincula*, qui dès lors ne craignait pas de
s'afficher comme l'ami des Français. Chaque ambassadeur chevauchait entre deux personnages de
marque. Quant à Candida, il s'avançait entre deux
Italiens, François Soderini, de Florence, évêque de

1. Burchard., édit. Thuasne, t. I, p. 554 ; d'ap. Pastoret (*Ordonnances*, t. XX,
p. 290) citant Isambert. — L'original de ces instructions, signé de Charles VIII,
est conservé à la Bibliothèque nationale, ms. fr. 15870, fol. I.

2. Commines, par exemple, ignorait le latin. — A. de Boislisle, *E. de Vesc*,
tirage à part, p. 151, note 1.

3. Burchard, *loc. cit.*, t. I, p. 430. — *A.* Heiss, *Rev. num.*, 1890, p. 456.

Volaterra et cardinal de Sainte-Suzanne, et Jacques
Botta, évêque de Tortone, orateur du duc de Milan.

Le 26 octobre 1493, « maistre Jean de Candida,
conseiller » du roi, donne quittance à « maistre
Antoine Bayard », aussi conseiller du roi, trésorier et
receveur général des pays de Languedoc, Lyonnais,
Forez et Beaujolais, de la somme de 300 livres tour-
nois « à lui ordonnée par le roy nostre dit seigneur,
pour la pension et entretenement en son service
durant ceste présente année [1] ». Il est à remarquer que
cette somme est payée avant son échéance, et cela se
comprend très bien, car nous allons voir que J. de
Candida était à ce moment sur le point de partir
pour l'Italie. Il allait se diriger vers Lyon, où il atten-
drait les avis de Guillaume Briçonnet pour une mission en apparence officielle, mais qui, sous de faux
semblants, était surtout une mission secrète.

L'ambassade de Jean de Candida à Rome nous a
montré, par l'importance des affaires à traiter, l'estime en laquelle notre diplomate était tenu dès cette
époque. Mais rien ne peut donner une plus haute
idée de l'importance politique de notre artiste que
la lettre confidentielle et très familière d'allure qu'il
écrivit de Lyon, le 16 novembre 1493, à celui qui
était alors, de tous les ministres de Charles VIII, le
plus écouté et le plus puissant. C'est à l'amicale
obligeance de M. Louis de Grandmaison, archiviste
de Tours, mon ancien collègue à la Bibliothèque

---

1. L. Delisle, *loc. cit.* — A. Heiss, *Rev. num.*, 1890, p. 457. — L'original de
cette quittance est conservé au département des manuscrits de la Bibliothèque
nationale (Cab. des titres, pièces originales, vol. 586, dossier 13573).

nationale, que je dois la connaissance de cette pièce importante[1].

Qu'elle soit de Candida, on n'en peut douter, elle est signée des initiales J. C., et elle porte inscrite, en tête et en travers de la marge, cette mention en toutes lettres : « Me Jehan de Candida », d'une écriture de la fin du xv° siècle.

Il n'est pas douteux non plus que cette lettre soit adressée à Guillaume Briçonnet, depuis peu évêque de Saint-Malo. En effet, de tous les évêques de cette ville, un seul, vers cette époque, eut un fils chargé de négociations diplomatiques ; un seul eut auprès du roi un crédit qui lui permit de recommander directement au souverain le payement des dettes d'un ami : « …precor Altissimum ut… memores aliquando negocii mei apud regem ut tuo patrocinio liberer ab onere debitorum. »

Ceci établi et la lettre transcrite, il nous restera à fixer la date de cette dernière, à préciser les circonstances dans lesquelles Candida l'a écrite, et les affaires auxquelles elle a trait. Il ressortira de cet examen, croyons-nous, une conclusion évidente, c'est que Candida joua à cette époque un rôle d'autant plus important et actif qu'il fut moins apparent.

Lisons d'abord attentivement la lettre elle-même.

Au dos : « Reverendissimo et colendissimo Domino meo Domino macloviensi.

A la Court ».

« Reverendissime et colendissime mi Domine, post

1. Bibliothèque nationale, département des manuscrits, fonds Baluze, t. 393, n° 693.

humillimam commendationem, si auditus fuissem hîc
Lugduni, non xii dies frustra in eo mansissemus,
potius nunc Taurini vel Asti expectaremus Nicolaum
Renardum. Si auditus fuissem Turonis, Florentie
nunc essemus. Si antea auditus essem, essemus nunc
Rome vel Viterbii et feliciter principia nostri habe-
remus negotii. Heu me! quam parvi facitis temporis
thesaurum! Jam etiam in hoc otio nostro abierunt
estivi et sereni dies quorum scio nos habituros desi-
derium et inopiam. Jam ante tempora decembria non
spero nos Rome fore si Mediolanum accedamus, si
Florentie morabimur. Quapropter nudius tertius te
per litteras orabam, quas filio tuo comisi ut cum
suis ad te diligenter mitteret, ut ageres quatenus
solus Nicolaus Renardus Mediolanum accederet,
quod per celerem tabellarium nos avisare potuisses
antequam simus Taurini. Aut quid velit ista nostra
profectio Mediolanensis non intelligo, cum comes
Carolus sit apud vos, et alter orator jam accessit
Mediolanum; per eos enim ita possent omnia agi
quam per nos et forsan scientius, cum multa orian-
tur in dies, que nos latebunt. Sed nec instruc-
tiones videre potui, ut quod super ipsis mihi fuisset
visum ad vos perscriberem, nam plus vident oculi
quam oculus; et potuissem, illis visis, aliquid opi-
nari, quod me ad te scripsisse gratum habuisses;
forsan mihi non habetur fides, quod quando si intel-
ligerem, maluissem manere in ripa Ligeris, Turonis,
ad piscandos syluros. Certe hunc modum non intelligo, tamen hoc mihi solatium erit, quod non mihi
summa rei comissa est, ut, si per accidendi negligen-

tiam et rerum ignorantiam aliquid contingat, mihi non imputabitur, qui in omni modo ita me geram, integra ergà te fide et amore, ut in fine magis me diliges. Porro non possum interea non moleste ferre que cum culpa admittuntur, presertim cum facile ab ea caveri posset. Alia non audeo scribere, aut quid agemus Rome post tempora decembria ; nisi non rite volumus procedere, aut quadragesimalia expectare tempora. Credas mihi, plurimum contulisset negotio nostro et ad utilitatem et honestatem, et ad voluntatem lucrandam cardinalium et ipsius summi pontificis, si in tempore consueto atque debito et opportuno negotium nostrum procuraretur. Si liberius audeo me, Reverendissime Domine, meam promere sententiam, id tribuat fidei et amori erga se meo. Que occurrent in itinere digna tua cognitione perscribam tametsi non dubito quin omnia ad te filius perscribat. Precor Altissimum ut te felicem in evum servet, et memores aliquando negocii mei apud regem, ut tuo patrocinio liberer ab onere debitorum que tibi commemoravi. Lugduni, XVI^a novembris post meridiem, quo tempore adhuc incertus sum an hinc discedamus.

Humillimus servus,
J. C. »

(Fonds Baluze, t. 393, n° 693.)

Cette lettre a donc été écrite le 16 novembre, à Lyon, première grande étape entre la cour et l'Italie qui fixait alors toutes les attentions. Mais en quelle année ? Ainsi que la plupart des missives de cette époque, elle ne porte malheureusement pas de millésime ; cependant on peut l'établir d'une façon certaine.

D'abord, cette dignité de cardinal, que l'on sait avoir été si fort ambitionnée par Briçonnet[1], ne se trouve mentionnée ni sur l'adresse, ni dans le courant de la lettre. Elle ne lui avait donc pas encore été accordée; car il n'est pas croyable qu'on eût oublié de lui donner un titre, qui fut obtenu le 16 janvier 1495[2], après tant de démarches et de négociations, à la demande expresse du roi en personne.

Donc la lettre est antérieure au 16 janvier 1495. C'est ce jour-là, en effet, que Guillaume Briçonnet fut nommé cardinal, sacré séance tenante et revêtu de la robe rouge de César Borgia. Le Pape conservait au nouveau dignitaire tous ses bénéfices et l'invitait à se loger au Vatican[3].

Faisons un pas de plus. Cette lettre ne peut pas se placer avant 1492 et elle n'est pas de 1494.

Elle n'est pas antérieure à 1492, car, cette année-là, Guillaume Briçonnet n'était ni évêque, ni même dans les ordres[4].

Elle n'est pas de 1494, car, au mois de novembre 1494, le temps des négociations et des atermoiements est passé. Depuis plus de huit semaines le roi est en Italie à la tête de son armée, et don Frédéric a été battu à Rapallo. Charles VIII, après avoir traversé Turin, a été atteint de la petite vérole à Asti ; il a été témoin, à Pavie, de l'agonie du malheureux Jean Galéaz Sforza ; le 9 novembre, il a pris possession de

---

1. H.-F. Delaborde, *L'expédition de Charles VIII*, chap. VI, pp. 284-294. Cf. A. de Boislisle, *loc. cit.*, année 1880, pp. 284, 294-295.
2. Burchard, édit. Thuasne, t. II, p. 692. Cf. A. Dunoyer, *loc. cit.*, ch. IV et V.
3. A. de Boislisle, *Ann. de la Soc. de l'hist. de France*, 1880, pp. 260-262.
4. Il entre dans les ordres en août 1493, il est promu à l'évêché de Saint-Malo le 10 octobre 1493. — A. Dunoyer, *loc. cit.*, ch. IV.

Pise et, le 16, il est à la veille de faire son entrée
solennelle à Florence[1]. Il ne peut plus être question
alors de gagner par la persuasion ou l'intrigue la
bonne volonté du Pape et des cardinaux, « voluntatem lucrare cardinalium et ipsius summi pontificis »,
pour obtenir ce titre de cardinal qui nous paraît être
le vrai « negotium nostrum » de la lettre. Dans
quelques jours, le roi verra le Pape face à face, et se
contentera de formuler son désir, auquel Alexandre VI
s'empressera d'accéder.

Cette lettre n'a donc pu être écrite que le
16 novembre 1493. Le roi est encore à Tours, ayant
auprès de lui Guillaume Briçonnet. Ce dernier a été
amèrement déçu de voir que non seulement il n'a pas
été compris dans la dernière promotion, qui venait
d'ajouter douze cardinaux au Sacré Collège (20 septembre 1493[2]), mais que le Pape a même refusé de
confirmer sa nomination à l'évêché de Saint-Malo et
aux bénéfices français qui lui ont été donnés[3]. L'expédition a été décidée; mais les partisans de la paix
n'ont pas joué leurs derniers atouts, et Julien de la
Rovere n'est pas encore venu renforcer, de toute
l'ardeur de son ressentiment, le parti de la guerre.
D'ailleurs les évènements se précipitent.

Candida, éloigné de la cour, ne se sent plus au
courant de ce qui se passe dans l'entourage du roi, à
Rome et ailleurs. « Chaque jour, dit-il, des faits se

1. H.-François Delaborde, *L'expédition de Charles VIII en Italie*, Paris,
Didot, 1888, in-4°, pp. 390 et sq.
2. Burchard, *loc. cit.*, t. II, pp. 84-85.
3. A. de Boislisle, *loc. cit.*, année 1880, p. 294. Lettre de Belgiojoso à Ludovic,
29 septembre 1493.

produisent que nous ne connaîtrons pas. » Aussi demande-t-il, ignorant tout ce qui est arrivé depuis son départ de la cour, pourquoi on hésite tant à le faire partir. « On perd un temps précieux, et si l'on ne se met pas immédiatement en route pour Rome, on court le risque d'arriver trop tard et à un moment inopportun. » On le sent d'un bout à l'autre de cette lettre, Rome est le vrai but du voyage ; les stations à Milan et à Florence n'ont qu'un intérêt secondaire pour ce qu'il appelle notre affaire « negotium nostrum ». On est suffisamment renseigné, ajoute-t-il, sur les choses de Milan et par le comte Charles de Belgiojoso qui est auprès du roi « cum comes Carolus sit apud vos[1] », et par l'ambassadeur français qui vient d'arriver dans cette ville.

Pas de doute possible. Cette affaire si importante, ce « negotium nostrum » qui doit être traité à Rome, et pour lequel il est nécessaire de gagner les bonnes grâces des cardinaux et du Pape, ne peut être que l'affaire du chapeau, à laquelle s'intéressent à la fois le duc de Milan[2] et le roi de France, et qui sert à ce moment de pierre de touche pour juger des sentiments du Pape à l'égard de la France.

Voyons quelles nouvelles avaient pu arriver à la cour de France et quelles choses s'y étaient passées depuis le départ de Candida pour Lyon. Les dépêches des ambassadeurs italiens permettront peut-être de donner quelque précision à ces recherches. Voyons rapidement où en sont alors les affaires d'Italie.

---

1. Charles Balbiano, comte de Belgiojoso.
2. A. Dunoyer, *loc. cit.* — A. de Boislisle, *loc. cit.*, année 1880, p. 284.

Dès le mois de mai 1493, le roi et ses conseillers les plus écoutés sont pour l'expédition. Les stipulations du traité de Senlis[1] et la constitution d'un conseil d'affaires d'Italie ne laissent pas de doutes à cet égard.

A partir de ce moment, Ludovic le More change de ligne de conduite. Auparavant, il voulait jouer de Charles VIII comme d'un épouvantail à l'égard des puissances italiennes ; évitant de s'engager d'une façon formelle, il le poussait en apparence à la conquête de Naples, sauf à faire avorter l'expédition en sous-main et à former une ligue avec Florence et Ferrare. Libre alors de négocier avec Maximilien, sans froisser Charles VIII leur allié commun, et d'obtenir ainsi l'objet de son rêve, l'investiture du duché de Milan, Ludovic offre à l'empereur d'Allemagne la main de Blanche Sforza, sœur de Jean Galéaz, avec une dot de 400.000 ducats qui éblouissent ce souverain toujours besogneux. Le More ne voudrait point se brouiller avec Venise, mais il se soucie peu maintenant de la colère du roi de Naples, et il accepte la direction des affaires politiques de Charles VIII en Itàlie, qui lui est offerte le 15 mai 1493[2].

Quant au Pape, il est plus embarrassé que ne l'était Ludovic. Les Napolitains, unis aux Orsini, pourraient l'écraser s'il encourageait les Français ; d'autre part, il redoute que Charles VIII ne conquière une partie de l'Italie, ne s'entende avec Maximilien, son allié, et ne fasse appel à un concile général[3] pour

1. Traité de Barcelone, 18 janvier 1493 ; traité de Senlis, 23 mai.
2. A. de Boislisle, *loc. cit.*, année 1880, pp. 264 à 275.
3. A. Dunoyer, *loc. cit.*, chap. IV.

réformer l'Église et peut-être déposer le Pape[1]. Sa politique consiste à payer Charles VIII de belles paroles, sans toutefois jamais promettre formellement l'investiture du royaume de Naples. A ce moment, il s'efforce d'arrêter la réalisation des plans de conquête de Charles VIII et de brouiller le roi de France avec Ludovic Sforza : peine perdue.

Briçonnet, nous l'avons dit, était alors le confident et, en quelque sorte, le ministre des finances de Charles VIII. Le 14 août 1493, l'ambassadeur milanais Pirovano (rien n'était secret pour les Milanais) écrivait à son maître Ludovic : « Le général (Guillaume Briçonnet) est peut-être le premier de cette cour pour l'autorité et la gravité du Conseil, en même temps que pour la vivacité de l'esprit... Il a en outre l'oreille et toute la confiance du roi[2]. » Aussi Pirovano demande-t-il à son maître d'intervenir pour faire attribuer à cet influent personnage l'évêché de Saint-Malo avec d'autres bénéfices ecclésiastiques. Il importait d'avoir Briçonnet pour soi.

On comprend quel intérêt avait aussi le Pape à ménager un tel homme, et quelle importance prenait, au milieu de la politique générale, cette affaire des bénéfices et du chapeau. Ces deux joueurs, Alexandre VI et Briçonnet, avaient donc tout avantage à se ménager mutuellement, et à conférer directement entre eux au moyen d'émissaires éclairés et sûrs[3].

---

1. « Charles VIII déclarait à Naples qu'il n'aurait qu'un mot à dire pour s'accorder avec Maximilien, et ce mot consistait à accepter un autre Pape. » *Jean d'Auton*, édit. de Maulde, t. II, pp. 141-142.

2. H.-François Delaborde, *L'expédition de Charles VIII en Italie*, Paris, 1888, in-4°, p. 284. — Cf. A. de Boislisle, *loc. cit.*, p. 284.

3. Depuis la promotion de cardinaux, G. Briçonnet se défiait de Ludovic et d'Ascagne Sforza, et leur gardait rancune. Voir Delaborde, *loc. cit.*, p. 326.

En ce qui concerne Briçonnet, la présence de son fils Guillaume, évêque de Lodève, en qui il avait toute confiance, et que l'évêque d'Arezzo appelait « l'occhio dell' orecchio di questo Re [1] », et, d'autre part, l'expérience de Candida, son habileté et sa connaissance des usages de la cour de Rome et des lois canoniques, donnaient toute sécurité pour la réussite de l'ambassade projetée.

D'ailleurs, si l'on réfléchit à la situation de Candida, on verra qu'il avait des intérêts analogues à ceux de son maître. Lui aussi, avait à ménager le Pape qui pouvait lui accorder ce titre de protonotaire [2], qu'il obtint probablement à l'époque où son protecteur recevait la pourpre. Candida, pas plus que Briçonnet, ne pouvait d'ailleurs se désintéresser de cette expédition en Italie, dont le premier instigateur fut son compatriote le Prince de Salerne, et dont les agents les plus actifs furent peut-être ces Napolitains qui entouraient le roi [3], et pour qui elle devait être une source de bénéfices, de profits et d'honneurs.

Ces intérêts communs, sa connaissance de l'Italie, de la langue latine, et plus particulièrement des usages de la cour de Rome faisaient de Candida un intermédiaire, sinon indispensable, au moins très utile entre Briçonnet et le Pape [4].

Mais enfin pourquoi ces incertitudes, pourquoi cet

1. Desjardins, *Négociat. diplom. de la France avec la Toscane*, t. I, p. 341.
2. *Casa Filangieri*, loc. cit., p. 146.
3. Salerne, Cotrone, Chiaramonte, Celano, etc. — A. de Boislisle, *loc. cit.*, année 1880, p. 250.
4. C'est encore un Italien, comme Candida, Squarciafico, qui est chargé, par Charles VIII, vers la même époque, de faire des remontrances au Pape. — A. de Boislisle, *loc. cit.*, année 1880, p. 225.

arrêt dont Candida se plaint si amèrement dans sa lettre ? « Pourquoi ne pas aller droit son chemin, toucher en passant Milan et Florence, laisser même au besoin ces deux villes de côté et courir à Rome où se joue la partie intéressante? »

Briçonnet, évidemment, était fort courroucé de n'avoir pas été compris dans la dernière promotion de cardinaux et de n'avoir été confirmé ni dans son évêché de Saint-Malo, ni dans aucun de ses bénéfices; mais cette cause de mécontentement était antérieure au départ de Candida de Tours. Il faut trouver autre chose.

Quand les deux émissaires, Candida et l'évêque de Lodève, quittent la cour, l'expédition paraît décidée : Ludovic a accepté la direction des affaires en Italie, Etienne de Vesc et Briçonnet s'occupent de réunir l'argent nécessaire[1]. Aussi Candida semble-t-il très fondé à se demander à quoi bon aller à Milan dont on connaît si bien la politique par le comte Charles (de Belgiojoso), et à Florence que l'on réduirait aisément à l'inaction, puisque, à côté de Pierre de Médicis, il y a un puissant parti favorable à la France. C'est que, évidemment, depuis le départ de ces deux émissaires, les choses se sont modifiées.

Par une lettre écrite de Tours à Pierre de Médicis, le 3 novembre 1493, par l'évêque d'Arezzo[2] (Gentile Becchi), nous apprenons que « M. de Lodève, fils de M. de Saint-Malo, ira représenter la France à

---

1. Octobre 1493. Delaborde, *loc. cit.*, pp. 286-294.
2. Desjardins, *Négociations diplom. de la France avec la Toscane*, Collect. des Doc. inédits, t. I, p. 341.

Milan dans la cérémonie de ce mariage », le mariage de la nièce de Ludovic avec Maximilien. Et il ajoute que M. de Lodève « è l'occhio dell' orecchio di questo Re ». Peut-être s'agit-il ici de la mission de Candida, et, comme il arrive souvent, il ne serait parlé que du personnage de parade, du fils de Briçonnet et non de l'homme d'action, du véritable agent diplomatique, de Candida ?

L'évêque d'Arezzo ajoute dans la même lettre [1] qu' « il est question d'envoyer en Italie un homme qui soit plus capable que Péron de Baschi d'apprécier la situation du pays [2] ». On peut se demander de quel homme il s'agissait. Était-ce un haut personnage comme Guillaume Briçonnet, qui, impatient de voir marcher à son gré les affaires du roi et les siennes propres, parla à plusieurs reprises [3] de partir lui-même pour l'Italie, disant qu'il ferait plus en un jour qu'un autre en un mois? Était-ce au contraire un de ces émissaires secrets qui préparaient les voies aux ambassadeurs officiels et faisaient la vraie besogne? Serait-ce Candida lui-même? Nous l'ignorons [4].

Quoi qu'il en soit, le même ambassadeur écrit au même Pierre de Médicis, à la date du 9 novembre 1493, pour signaler de nouveau le départ de l'évêque de Lodève pour Milan, Florence et Rome, et surtout pour répéter, ce qu'il annonçait déjà dans sa lettre

1. Desjardins, *loc. cit.*, p. 341.
2. Péron de Baschi était rentré à la cour le 17 septembre 1493. A. de Boislisle, *loc. cit.*, année 1880, p. 288.
3. A. de Boislisle, *loc. cit.*, année 1880, pp. 286, 295, 296. — A. Dunoyer, *loc. cit.*, chap. IV. — Delaborde, *loc. cit.*, p. 286.
4. Desjardins, *loc. cit.*, pp. 259, 341 et 342.

du 3 novembre, que l'accord conclu entre le Pape
et le roi de Naples, et plus encore le mariage décidé
entre Maximilien et la nièce de Ludovic le More
mécontentent la cour et « donnent à réfléchir aux partisans de l'expédition d'Italie ». « Cependant, d'après
lui, le roi semble vouloir persévérer. » Ce qui qui ne
l'empêche pas de terminer par une affirmation caté-
gorique : « *Aujourd'hui tout est à l'ancre.* » L'hésitation est générale, ce fait semble donc bien certain ;
ce qui pourrait l'être moins, ce sont les motifs allé-
gués par l'évêque d'Arezzo, mais peu nous importe,
le fait nous reste.

En tout cas, Guillaume Briçonnet semble bien avoir
été de ceux qui réfléchissaient ou plutôt qui fléchis-
saient ; le manque d'instructions et d'ordres dans
lequel il laisse se morfondre ses deux émissaires en
est une preuve convaincante. D'ailleurs, il lui arriva
plusieurs fois de fléchir dans ses résolutions[1]. On
pourrait dire que, s'il fut partisan de l'expédition, ce
ne fut guère que par intermittences ; sa nonchalance
dans les préparatifs fut telle qu'il se fit rappeler plusieurs fois à l'ordre par le roi lui-même.

Il est bien certain que la façon de parler au Pape
devra être toute différente suivant que l'Expédition
sera décidée ou ne le sera pas. Tant que l'on hésitera
sur cette question préalable, il sera impossible de
donner des instructions fermes à Candida. Si Briçonnet empêchait l'Expédition, le Pape ne pourrait que
lui en être reconnaissant et lui témoigner sa grati-

---

1. A. Dunoyer, *loc. cit.*, chap. V. — A. de Boislisle, *loc. cit.*, année 1880,
p. 235, 245. — H.-F. Delaborde, *loc. cit.*, chap. VII.

tude. D'autre part, Briçonnet devait se dire, en songeant à l'intervention armée, que plus les Français seraient forts, plus il serait sûr d'avoir la pourpre. Seulement, dans ce cas, G. Briçonnet devait ajourner ses espérances et attendre une expédition dont la réalisation devenait justement douteuse à ce moment-là. Notre Briçonnet ne pouvait donc qu'être très perplexe. Il ne sait que décider et par suite qu'écrire; il ne sait s'il faut user de promesses ou de menaces [1].

Nous ignorons ce qu'il advint du projet d'ambassade qui nous occupe. On le découvrira peut-être un jour, ainsi que beaucoup de renseignements sur les missions diplomatiques et sur la vie de notre médailleur; les archives n'ont certainement pas dit leur dernier mot.

En résumé, cette lettre ne paraît, au premier abord et à un point de vue général, qu'un document vulgaire, semblable à une foule d'autres que nous a laissés la diplomatie très active de cette époque. Cette ambassade se perd au milieu d'incessantes allées et venues d' « orateurs » s'entrecroisant sur toutes les

---

1. Guillaume Briçonnet avait déjà indiqué à Pirovano (dépêche de Pirovano du 16 août 1493) les moyens de faire repentir le Pape de son hostilité : 1° Convoquer un concile; 2° refuser l'obédience et se réserver la disposition des bénéfices. — A. de Boislisle, *loc. cit.*, année 1880, p. 229.

Ces menaces pouvaient fort bien ne pas être vaines. Briçonnet prouva, en effet, plus tard, sous Jules II, qu'il n'était pas homme à reculer même devant la convocation d'un concile. Quand Charles VIII fut entré à Rome, Etienne de Vesc et Briçonnet furent d'avis qu'il valait mieux être en paix avec Alexandre VI; mais tous les conseillers du roi n'étaient pas de cet avis, et une partie du Sacré-Collège (les cardinaux Ascagne Sforza et Julien de la Rovère, entre autres) proposait au roi de déposer le Pape. Aussi Briçonnet trouvait-il (lettre à Anne de Bretagne, 13 janvier 1495) que le Pape devait être très reconnaissant au roi de n'avoir pas accepté cette proposition. — A. de Boislisle, *loc. cit.*, année 1880, pp. 260 et sq.

routes, entre la France et l'Italie. En réalité, elle a
une véritable importance, à un double point de vue, et
c'est pour cela que nous nous sommes attardés à son
examen. D'abord, elle établit que Guillaume Briçonnet avait ses hommes à lui qui étaient chargés, à côté
de leur rôle officiel, de veiller à ses intérêts propres[2].
On saura que, outre les intérêts de l'État et du roi, Briçonnet ne négligeait pas les siens, et les soins atten-
tifs qu'il donnait à ces derniers aideront peut-être à
trouver l'explication de bien des hésitations en apparence inexplicables. En second lieu, à notre point de
vue spécial, cette lettre a plus d'importance encore ;
car, plus il sera établi que notre médailleur a eu de
valeur personnelle et que les situations occupées par
lui ont été élevées, plus aussi il sera prouvé que son
influence artistique fut grande et eut de puissants
moyens de diffusion.

C'est vers cette même époque que Robert Briçonnet, archevêque de Reims, fit écrire, par son secrétaire, Guillaume de la Marc, la lettre dont nous avons
parlé en commençant et qui a été le point de départ
des recherches concernant notre artiste.

Comment Candida entra-t-il en relations avec les
Briçonnets, ses amis ? C'est vraisemblablement à la
cour, ainsi que nous l'avons dit, que ces amitiés se
nouèrent entre esprits d'élite également amoureux
de littérature et de beaux-arts. Les Briçonnets,
curieux de toutes les choses intellectuelles, encou-

1. Cf. H.-F. Delaborde, *loc. cit.*, p. 327, etc. — Desjardins, *loc. cit.*, t. I,
p. 361.

rageaient les artistes, les érudits et les littérateurs français et italiens [1], et il est probable que la présence de l'humaniste Guillaume de la Mare auprès de G. Briçonnet ne fit que resserrer les liens d'amitié déjà existants.

En effet, G. de la Mare appartenait, comme on l'a dèjà vu, à une famille normande, probablement la même, malgré des différences dans les armes, qu'une famille della Marra originaire de Normandie, mais qui avait émigré à Naples et italianisé son nom [2]. Cette famille contracta des alliances avec les Filangieri, de sorte que Candida pouvait en quelque façon cousiner avec la branche restée française.

Guillaume de la Mare fut successivement le secrétaire de Robert et de Guillaume Briçonnet, et même, d'après Bretonneau, le confesseur de ce dernier. Il se réclame volontiers de la maison Briçonnet « in qua diù nutritus et educatus sum [3] » ; ce qui prouve qu'il fut très apprécié par les deux frères, Robert et Guillaume. Le premier l'emmena dans son ambassade en Allemagne [4], le chargea de composer l'épitaphe de son père [5], de rédiger ses lettres de nomination à la charge de chancelier de France, d'écrire le discours [6]

1. G. Bretonneau, *loc. cit.*, passim. — Non contents d'accueillir avec faveur les Italiens en France, ils allaient en Italie compléter leur éducation ; ainsi, on trouve à Bologne l'épitaphe d'un Jean Briçonnet qui était étudiant dans cette ville quand il y mourut en 1492. Quicherat, *Bull. de la Soc. des Antiquaires de France*, 1876, pp. 204-205.

2. *Casa Filangieri*, pp. 100-101. — Cf. La Chenaye-Desbois, au mot Mare (La).

3. Recueil de lettres et de discours de Guillaume de la Mare, publié par Vatel en 1514. — 44ᵉ lettre, adressée par Antoine Bohier, abbé de Féramp et de Saint-Ouen.

4. 9ᵉ lettre et 1ᵉʳ discours du recueil.

5. 1ʳᵉ lettre.

6. 1ᵉʳ discours.

qu'il devait prononcer en présence de Maximilien à
« Meminghen », sur la paix à conclure et ses avan-
tages.

Ce Guillaume de la Mare était un homme de valeur,
qui mérita d'être cité dans l'*Additionnaire* de Trithe-
mius. Il était lié personnellement ou du moins en
relations épistolaires avec les intelligences les plus
cultivées de l'époque, au nombre desquelles beaucoup
d'amis et de compatriotes de Candida : l'historien
Paul Emile (10e, 16e et 32e lettres) ; Fauste Andrelin,
poète royal (17e lettre) ; Pierre de Courthardi, chevalier de l'ordre royal et premier président du Parlement
de Paris, celui dont nous avons la médaille de la main
même de Candida (36e lettre) ; Guillaume de Poitiers,
chambellan du roi et chevalier de Saint-Michel, qui
l'avait recommandé à Robert Briçonnet (39e lettre) ;
Charles de Hautbois, évêque de Tournai (40e lettre) ;
Antoine Bohier, abbé de Fécamp et de Saint-Ouen,
président de l'Échiquier de Normandie, frère de Thomas qu'il compte parmi ses protecteurs (44e et 48e
lettres) ; Adrien Gouffier, évêque de Coutances
(9e discours), et une foule d'autres.

Parmi les correspondants de G. de la Mare, il faut
citer encore ses deux frères, Jean, évêque de Condom,
et Rolland. Jean de la Mare fut, au dire de Bretonneau[1], un prélat pieux et instruit, plein de vertu et de
savoir, qui passait pour l'orateur le plus éloquent du
clergé de France. Le cardinal de Saint-Malo appré-
ciait à ce point l'évêque de Condom que, lorsqu'il

---

1. Bretonneau, *loc. cit.*, pp. 82-83, citant B. d'Argentré et A. Le Ferron.

voulut consoler Anne de Bretagne au moment de la mort de Charles VIII, il se fit accompagner par lui pour faire exhorter cette pieuse reine à la patience[1].

Jean de Candida qui par deux fois modela l'effigie de Robert Briçonnet, qui fit la médaille de Pierre Briçonnet et celle du gendre de Guillaume Briçonnet. Thomas Bohier, qui fut l'ami des deux frères, Robert et Guillaume Briçonnet, était sûrement lié avec le secrétaire intime de ces deux personnages et avec le frère de ce dernier, l'éloquent évêque de Condom. Aussi l'humaniste a-t-il voulu conserver le nom de l'artiste dans son recueil de lettres et le sauvegarder de l'oubli.

Etant donnée l'importance de cette lettre, il nous paraît bon de la mettre de nouveau sous les yeux du lecteur, bien qu'elle ait été déjà publiée par M. Léopold Delisle[2].

« Robertus, etc. Joanni Candide summo et oratori et historico ac sculptorie artis atque plastices hac aetate omnium consummatissimo S. P. D. XXII.

Amice-charissime, ternas epistolas tuas, figuræ et imaginis nostræ sigillo impressas, atque argenteum nummisma recepimus, quibus nihil desit omnino preter spiraculum, adeo me ad vivum effinxisti. Scio quid gestias, vis amicitiam nostram etiam perseverare post mortem, ac perenni hominum memoria contineri, quod mihi quoque jucundum est. Negocia vero tua ne cures, curabo enim ea quam accuratissime. Vale. »

1. P. Lacroix, *Louis XII et Anne de Bretagne*, p. 61.

2. *Bibl. de l'Ec. des Chartes*, 1890, pp. 310-312. — Cf. A. Heiss, *Rev. num.*, 1890, pp. 454-455.

En marge : « Vicesima secunda, de re familiari et subjecta. »

Nous avons tâché d'expliquer quelques expressions de cette lettre, afin de mettre en lumière d'une façon générale les talents artistiques de J. de Candida [1]. M. L. Delisle avait déjà mis en relief l'amitié de Briçonnet pour Candida, en faisant ressortir non seulement le titre d'ami qui lui est décerné, mais aussi les expressions de toute la lettre. Il avait signalé les deux titres d'orateur et d'historien, expliquant et justifiant le premier, et exprimant l'espoir que le second serait un jour confirmé ; c'est ce que M. Couderc vient de faire, ainsi que nous l'avons vu, dans le dernier numéro de la *Bibliothèque de l'École des Chartes*.

On n'a pas essayé de dater la lettre de G. de la Mare, même d'une façon approximative. Il importe de l'essayer, afin de savoir à laquelle des deux médailles de Briçonnet il est fait allusion, et de trouver ainsi un criterium certain pour les médailles de la deuxième période.

Pour notre recherche, il est utile de fixer au préalable à quelle époque les deux médailles de Briçonnet ont été exécutées. D'abord, il est certain que la plus récente (pl. VIII, 8) a été modelée entre 1493, époque où Robert Briçonnet fut nommé archevêque de Reims (titre indiqué sur la pièce), et le 30 août 1495, année où il obtint la chancellerie de France. Cette suprême dignité de la magistrature serait inscrite en effet à côté des autres titres, si Briçonnet

---

1. *Rev. num.*, 1894, pp. 329-330, 334-336.

l'avait eue au moment où Candida fit son portrait.
Quant à l'autre médaille (pl. VIII, 7), il suffit pour
l'instant de savoir qu'elle est antérieure aux derniers
mois de l'année 1493, puisqu'elle ne porte pas la
qualification d'archevêque de Reims.

Les lettres de G. de la Mare ne font allusion à
aucun fait précis; elles ne sont ni datées, ni rangées
toujours chronologiquement; et, de plus, on ne peut
rien déduire des titres inscrits en tête de quelques-
unes et remplacés dans les autres par des points. Il
semblerait au premier abord que si l'on complétait
l'adresse de notre lettre, en se servant de la suscription de la dernière énumérant tous les titres, on
pourrait arriver à un résultat. Mais on s'aperçoit
rapidement que partout Robert Briçonnet est appelé
chancelier de France, alors qu'il ne l'était sûrement
pas encore, quand furent écrites plusieurs lettres de
ce recueil; la première, par exemple, est adressée
par G. de la Mare à son maître Robert Briçonnet, et
il y rappelle sa récente entrée en fonctions, laquelle
n'est pas antérieure à la fin de 1493. On peut établir,
en effet, au moyen de synchronismes, que G. de la
Mare n'entra pas en fonctions avant cette époque.
Nous aurons ainsi une première date extrême pour la
lettre écrite à Candida; la seconde sera fournie par
la médaille visée dans la lettre même.

Dans la première lettre, G. de la Mare fait allusion
à sa nomination récente et il annonce qu'il vient
d'achever l'épitaphe du père de Guillaume Briçonnet,
à laquelle on ne peut évidemment pas le faire travail-
ler avant le mois de novembre 1493, puisque Jean

Briçonnet (d'après le P. Anselme, t. VII, p. 428)
mourut le 30 octobre 1493. Cette lettre ayant été
écrite à Paris le XVII des kalendes de janvier (16 janvier), il ne s'agit évidemment que du 16 janvier 1494.
On peut donc supposer que Guillaume de la Mare
devint secrétaire de G. Briçonnet au commencement
du mois de janvier 1494 ou dans les dernières semaines
de l'année 1493.

D'autres lettres, la troisième et la quatrième, par
exemple, écrites à son frère Rolland au commencement de l'année 1494, confirment pleinement cette
hypothèse. Dans la troisième, G. de la Mare se félicite
d'avoir trouvé un tel maître, si soucieux de la personne de son secrétaire. Il ajoute qu'il sera prochai-
ment à Lyon avec le roi, que les armées commencent
à partir et que la mort du roi Ferrand va faciliter la
conquête de Naples. Or, l'on sait que la mise sur pied
des soldats devait commencer à la Noël 1493[1] et que
Ferdinand d'Aragon mourut le 25 janvier 1494.

Dans la quatrième lettre, G. de la Mare se félicite
encore (comme d'une chose assez récente, semble-t-il)
de servir un tel maître, grand admirateur de son
talent, et qui lui promet de grands biens. La reine,
dit-il, est entrée à Lyon aux ides de mars (c'est-à-dire
le 15 mars 1494). Le roi est irrévocablement décidé
à entreprendre l'Expédition, les préparatifs marchent
rapidement et l'on envoie des ambassadeurs pour
obtenir le passage. Cette lettre est datée de Lyon le
V des kalendes d'avril (28 mars). Ici encore, pas de
doute, il s'agit bien de l'année 1494.

____

1. A. de Boislisle, *loc. cit.*, année 1880, p. 231.

Etant donné que l'entrée en fonctions de G. de la
Mare, si elle est antérieure au mois de janvier 1494,
ne l'est que de fort peu, et qu'il n'a donc pu écrire
aucune lettre au nom de Briçonnet avant la fin de
1493, au plus tôt, la médaille indiquée dans notre
22ᵉ lettre est sûrement celle qui porte le titre d'archevêque de Reims (pl. viii, n° 8). Robert Briçonnet
fut élu archevêque par les chanoines en remplacement de Pierre de Laval, mort au mois de mars ; il
fut confirmé par Alexandre VI le 27 novembre 1493,
et prit possession de son siège au mois de décembre
de la même année[1]. Cette médaille fut exécutée à
l'occasion de cette nomination, qui conférait en même
temps le titre de premier pair de France. Il est, en
effet, inadmissible que Candida ait exécuté seulement
à la fin de 1493 et au commencement de 1494 une
médaille en l'honneur de Robert Briçonnet, président des enquêtes, alors que ce personnage était
déjà élu archevêque de Reims. En tout cas, si cette
seconde médaille n'est pas un monument commé-
moratif de la nomination à l'archevêché de Reims,
du moins la date de son exécution se circonscrit
entre le mois de mars 1493 où meurt Pierre de Laval,
le prédécesseur de Robert au siège de Reims, et le
30 août 1495 où fut octroyé à ce dernier le titre
de chancelier de France[2].

Quant à l'autre pièce, sur laquelle se voit la qualification de président aux enquêtes (pl. viii, n° 7), elle

---

1. G. Bretonneau, *loc. cit*, pp. 118-132. — Gams, *Series episcoporum*. —
Gallia Christiana.

2. *Ordonnances*, t. XXI, pp. 482-483.

est certainement antérieure de quelques années, car
Robert Briçonnet y a l'air sensiblement plus jeune,
mais cette différence d'âge est difficile à apprécier et
à préciser en années. Si la pièce de l'archevêque de
Reims est de la fin de 1493, celle du président aux
enquêtes serait antérieure au plus de cinq ans si l'on
admet, avec le *Trésor de numismatique*, que Robert
Briçonnet présida aux enquêtes à partir de 1488[1].

Comme facture, ces deux médailles sont absolument identiques et sûrement de la même main que
celles de Maximilien et de Marie (pl. VII). Rien de
plus semblable en effet, comme style et technique,
que les effigies de Marie de Bourgogne (surtout la
plus récente) et celles de Robert Briçonnet. J'attire
particulièrement l'attention sur la façon de modeler
l'œil et le coin de la bouche.

La deuxième médaille de Briçonnet, si vantée
dans la lettre de G. de la Mare, est, en effet, peut-être
encore plus belle que la première, d'un modelé plus
large, d'un caractère plus énergique et plus saisis-
sant, avec ce crâne mi-rasé et le puissant modelé
de son relief.

Entre les premières années du règne de Charles VIII
et l'année 1503, qui est celle où furent modelées les
pièces de Pierre Briçonnet et de Thomas Bohier, Jean
de Candida exécuta six médailles de personnages français ou intimement liés à la politique française : Pierre
de Courthardi, Guillaume des Perriers, Pierre de
Sacierges, Julien et Clément de la Rovère, Neri Cap-

---

1. *Trés. de num.*, médailles françaises, XLI, 4.

poni (?) et Nicolas Maugras (pl. viii-ix). Il est difficile, sinon impossible, de dater ces pièces d'une façon précise. La plupart du temps il faut se contenter de déterminer une date maxima et une date minima, entre lesquelles on pourra choisir l'époque qui paraîtra la plus vraisemblable. Ce sont là des questions que nous serrerons le plus près possible quand nous en serons à la description de chaque pièce.

En attendant, on voudra bien se souvenir que tous ces personnages ont été appelés à la cour de France, à l'époque où Candida s'y trouvait lui-même, et l'on sait que quelques-uns d'entre eux, P. de Courthardi, P. de Sacierges et Julien de la Rovère, par exemple, y ont joué un rôle très important. A la vérité, nous ne pouvons rien affirmer en ce qui concerne Clément de la Rovère et G. des Perriers.

Nous ne trouvons pas le nom de Guillaume des Perriers parmi ceux des conseillers du roi. Mais Candida, qui avait fait jadis, étant attaché à la cour pontificale, la connaissance de Guillaume des Perriers déjà membre du tribunal de la Rote, retrouvait évidemment le vieil auditeur à chacun de ses voyages à Rome. D'ailleurs Guillaume des Perriers, bien qu'enchaîné en Italie par ses fonctions, n'était probablement pas sans retourner fréquemment en France.

Quant à Clément de la Rovère, qui ne joua jamais qu'un rôle secondaire, il est probable qu'il épousa les querelles de son frère, partagea ses disgrâces et l'accompagna dans sa retraite en France; il est probable aussi qu'il vint de loin en loin surveiller son évêché de Mende. Il est donc on ne peut plus vraisemblable que Candida et Clément eurent, en France et à Rome, de nombreuses occasions de se rencontrer.

A ne considérer que le style de ces médailles, celle de Pierre de Courthardi[1] paraît la plus ancienne, et c'est celle en effet qui se rapproche le plus par sa dimension, son relief, son grènetis des pièces flamandes.

Ces médailles forment, avec celles de Robert Briçonnet, un groupe qui se relie aux pièces de la période flamande et en même temps à celles de 1503 et 1504, les dernières que nous connaissions de Candida. On y surprend la transition entre le style plus aimable, plus souple, plus orné du jeune médailleur et le style plus ample, plus simple, plus majestueux qui est celui des médailles de Thomas Bohier, de Pierre Briçonnet et des Valois. On croit surprendre dans ces dernières l'influence des artistes florentins et notamment celle du « médailleur de la cour de Charles VIII[2] ».

Dans tout ce groupe, mêmes lettres, mêmes points séparatifs en triangle, même modelé. La plupart des pièces portent aux revers une inscription en beaux caractères épigraphiques, disposée en plusieurs lignes. La tendance à la simplification se manifeste par la suppression de la couronne (souvenir des monnaies antiques), qui entourait les devises du revers des médailles de Jean de Palomar (pl. vi, 2) et de Nicolas Ruter (pl. vi, 3). La couronne qui

---

1. *Rev. num.*, 1890, pl. xiii, n° 2.
2. **Armand**, *Les médailleurs italiens*, t. III, pp. 23-25.

enguirlandait l'écusson d'Antonio Gratia Dei (pl. vi,
1) ne reparaît pas non plus, et on ne la trouvera ni
autour des armes de Guillaume des Perriers, ni autour
de celles de Nicolas Maugras (pl. ix), ni autour de la
sculpturale salamandre du jeune François de Valois.
Le grènetis, élément de richesse dans l'ornementa-
tion des médailles, existe dans les pièces des périodes
italienne et flamande, il est remplacé par un gros
filet sur les médailles de la série française, sauf celle
de Pierre Courthardi, la plus ancienne de cette série,
ainsi que nous venons de le dire, la moins grande
et aussi la plus semblable par son module aux pièces
anciennes.

Nous regrettons de n'avoir pas pu faire reproduire
dans l'ordre chronologique toutes les médailles que
nous décrirons ; il a fallu nous limiter. Nous avons
fait phototyper, d'abord, les deux pièces signées par
Candida et celles qu'on peut lui attribuer en toute
certitude ; ce sont là les points de comparaison indispensables pour les attributions. Ensuite, nous avons
ajouté les médailles qui n'ont pas été signalées par
M. Heiss, et celles qui n'ont été reproduites par lui
que d'après des gravures et des exemplaires absolument défectueux ou restitués.

En dehors d'autres preuves, un simple coup d'œil
sur toutes nos pièces suffirait pour établir qu'elles
sont bien de la main de Candida ; ce sont là en effet
comme des anneaux se soudant les uns aux autres et
formant une chaîne solide. Il y a d'ailleurs une si
extraordinaire ressemblance entre celles qui sont
contemporaines, que nous avons vu un fin connais-

seur, apercevant la médaille de Julien de la Rovère, la prendre au premier coup d'œil pour le Guillaume Briçonnet, archevêque de Reims, tant l'impression première générale est identique.

La seule pièce, dans cet ensemble, qui diffère des autres d'une façon plus apparente que réelle, est celle de Nicolas Maugras ; en effet, la bordure est formée d'une moulure à profil très élevé, ce qui porte à croire que cette pièce a été faite pour servir d'ornement ou être encastrée dans un meuble. Quant à la lettre, aux points séparatifs triangulaires, au style de l'effigie, tout cela est semblable à ce que nous connaissons. D'ailleurs examinez ce surplis ; il est d'une technique absolument spéciale, mais identique à celle du surplis qui se voit sur les médailles de Guillaume Briçonnet, de Julien et de Clément de la Rovère. Examinez aussi l'écusson du revers : il a, bien que d'une forme différente, les plus sensibles analogies avec celui du Gratia Dei et du Guillaume des Perriers ; les bords sont relevés et le champ va se creusant en cuvette vers le milieu.

Si nous voulions continuer ces comparaisons de détail, auxquelles nous nous appliquerons quand nous en serons venu à la description des pièces ; si nous voulions comparer entre eux, par exemple, les costumes des hommes qui ont exercé des fonctions de judicature dans cette période, tels que Court-hardi [1], des Perriers [2], Sacierges [3] et aussi Robert Bri-

---

1. A. Heiss. *Rev. num.*, pl. xiii, n° 2.
2. *Rev. num.* pl. xiv, 3.
3. *Rev. num.*, pl. xv, 1.

çonnet (pl. VIII et XII), président aux enquêtes, nous remarquerions de frappantes ressemblances, non seulement dans l'aspect général, mais aussi dans les petits détails, par exemple, dans les quatre plis qui creusent la robe de ces magistrats sur le devant de la poitrine. Si l'effigie et la lettre du Pierre de Sacierges ont de la sècheresse, il faut l'attribuer uniquement aux retouches qu'a subies le rarissime exemplaire reproduit par le *Trésor de numismatique*, par A. Heiss et par nous. Nous n'avons pu malheureusement en découvrir de meilleur. Les ciseleurs se sont à tel point acharnés à défigurer certaines médailles de Candida, par exemple, celle de Jean Carondelet et de sa femme, qu'il est impossible d'en découvrir un exemplaire intact et simplement passable.

Nous ne doutons pas que ces analogies aient déjà sauté aux yeux de tous ceux de nos lecteurs qui auront bien voulu jeter un coup d'œil sur nos planches, malheureusement assez peu réussies. Ils auront certainement remarqué aussi que les médailles de Candida, d'abord légères d'aspect et de fonte, petites de diamètre, sont toujours allées en augmentant de grandeur, d'épaisseur et de poids ; l'artiste devenant, à mesure qu'il avançait en âge, plus sensible à la simplicité et à la force, à la grandeur du style et à la vivacité de l'expression qu'à l'élégance et au charme.

Nous en sommes arrivés à l'année 1494, c'est-à-dire à la veille de l'expédition d'Italie. Il reste à indiquer quel fut le rôle probable de Candida à cette époque néfaste pour l'Italie, où l'Italie conspire contre elle-même, les Italiens devenant les principaux, on pourrait presque dire les seuls artisans de l'invasion. Sans les excitations habiles et de plus en plus pressantes de Ludovic, sans l'assaut final donné par le cardinal Julien de la Rovère et surtout sans l'action moins apparente, mais persévérante, tenace, incessante des Napolitains réfugiés à la cour de France, la conquête de Naples n'eût pas été entreprise, et Julien de la Rovère, devenu Jules II, n'aurait pas eu à faire appel à son indomptable énergie, pour jeter hors de l'Italie ces barbares dont il avait attiré lui-même l'invasion. Candida était sûrement de ces Napolitains qui, toujours présents auprès du roi, avant et pendant l'Entreprise, assistaient aux réceptions d'ambassadeurs les plus secrètes et aux plus importantes délibérations.

Candida fit probablement partie de l'expédition; c'était en effet le cas, pour la cour, d'utiliser ses talents diplomatiques et sa grande connaissance des choses d'Italie, et, pour lui, de prendre sa part des dépouilles opimes des Aragonais vaincus. On peut croire que Charles VIII désira se l'attacher aussi comme artiste. A cette époque, les rois allaient toujours accompagnés de peintres, de sculpteurs et de gens appartenant à tous les corps de métiers. On sait que Charles VIII avait tenu à amener, pour cette expédition, des peintres capables d'exécuter des œuvres qui lui rappelleraient, à son retour en France, le souvenir des belles choses qui auraient frappé son attention en Italie. C'est ainsi, pour ne citer qu'un seul exemple, que, dès le commencement de l'Entreprise, le roi traversant la Savoie et trouvant son « cousin et sa cousine, la duchesse de Savoye, très beaulx enfants », s'empressa de les faire « paindre » par un des artistes attachés à sa personne [1].

Les espérances de Candida ne furent probablement pas déçues, et il eut, comme tous les serviteurs du roi, part aux dépouilles des partisans des princes de la maison d'Aragon. Aussi aurait-on pu s'attendre à trouver d'utiles renseignements dans les archives de Naples; malheureusement, les registres des finances et de la justice ont été brûlés au moment de la rentrée du roi Ferdinand (juillet 1495).

Il est bien certain que Candida revint en France et y vécut encore un certain nombre d'années, puisqu'il y exécuta, en 1503, les médailles de Pierre Briçonnet et de Thomas Bohier, et en 1504, celles de la famille de Valois-Angoulême.

J. de Candida resta toujours fidèle aux Briçonnets. Louis XII qui n'avait point disgracié la Trémoille par qui il avait été fait prisonnier à Saint-Aubin-du-Cormier, ne devait pas non plus disgracier les Briçonnets; il se contenta, chose fort naturelle, de leur préférer le confident et l'ami des bons et des mauvais jours, Georges d'Amboise. Les Briçonnets n'en restaient pas moins une puissance dans l'Etat. Par eux ou leurs parents, les Bohier, les Beaune, les Ruzé, les Berthelot, les Robertet, ils tenaient toute l'administration financière de la France : recettes, dépenses, contrôle. Ils étaient généraux, receveurs

---

1. Léon le Grand, *Bibl. de l'Ec. des Chartes*, 1894, p. 147.
2. A. de Boislisle, *loc. cit.*, 1884, p. 144.

généraux, contrôleurs généraux ; enfin, pas une situation importante ne leur avait échappé. Grâce à leur amour des arts, à leurs richesses et aussi aux nombreux voyages en Italie qui étaient venus surexciter leur enthousiasme [1], ils continuaient à jouer le noble rôle de Mécènes. Candida, qui s'était mis sous leur protection quand ils étaient au comble de la faveur, leur resta dévoué quand leur fortune fut moins brillante. Ce qui le prouve, ce sont les deux médailles de Pierre Briçonnet et de Thomas Bohier.

On sait que Pierre Briçonnet avait été l'un des organisateurs les plus actifs de l'Expédition ; il fut un des mieux récompensés ; il reçut, pour sa part, outre le don d'une « galeasse », les comtés de Martina et de Francavilla. Comme les autres membres de sa famille, il protégea les arts et les artistes, et Bretonneau, l'historiographe de la maison Briçonnet, nous apprend qu'il eut à Orléans un « superbe tombeau » qui fut détruit par les protestants.

Thomas Bohier, gendre du cardinal de Saint-Malo, partageait l'amour qu'avaient tous les Briçonnets pour les arts, et il est infiniment moins connu comme général des finances et lieutenant-général du roi en Italie, que comme fondateur du château de Chenonceaux, cette charmante création de la Renaissance.

---

1. Il suffit de citer la lettre que le cardinal Briçonnet écrivait de Naples à la reine : « Madame, je vouldroye que vous eussiez veu ceste ville et les belles choses qui y sont, car c'est un paradis terrestre..., et vous assure que c'est une chose incréable que la beaulté de ces lieux bien apropriez en toutes sortes de plaisances mondaines. Vous y avez esté souhaitée par le roy. A ceste heure icy, il n'estime Amboyse, ne lieu qu'il ait par delà. » Bordier et Charton, *Histoire deFrance*, t. II, p. 4. — *Archives de l'art français*, t. I, p. 275. — E. Müntz, *La Renaissance en France et en Italie à l'époque de Charles VIII*, p. 509-510.

C'était un homme de goût, marié à une femme supérieure, Catherine Briçonnet, qui surveilla et dirigea, pendant les longues absences de son mari, la construction de Chenonceaux. Le tombeau des deux époux, attribué aux Juste, se voyait avant la Révolution dans l'église Saint-Saturnin-de-Tours[1]. Par sa famille et par les Briçonnets, il était lié à tous les riches financiers de l'époque; par sa mère, il était le cousin du fameux Guillaume Duprat, qui allait devenir le précepteur du comte d'Angoulême et serait plus tard son premier ministre. Il est à croire que J. de Candida suivit jusqu'à la fin la fortune des Briçonnets, à laquelle il semble avoir lié la sienne.

A la mort de Charles VIII, François d'Angoulême devient le plus proche héritier du trône, sa situation grandit subitement et attire dès lors l'attention des Briçonnets. J. de Candida, en vieux diplomate qu'il était, sentit que du côté de la pauvre petite cour d'Angoulême était l'avenir et la fortune; il s'en fit le portraitiste, car c'est à lui qu'il faut attribuer les deux médailles dont nous allons parler : celle de François de Valois à l'âge de 10 ans, et celle de Louise de Savoie et de Marguerite de Valois. L'hostilité plus ou moins latente qui existait entre Louise de Savoie et la bonne reine Anne faisait entrevoir bien des nuages; mais les Angoulêmes étaient bien vus de Louis XII qui, faible de santé, paraissait peu apte à avoir de nombreux héritiers. Donc, à lier son sort à celui de la maison d'Angoulême, il y avait peu de risques à courir, et beaucoup à gagner si le

---

1. Mgr C. Chevalier, *Le château de Chenonceau*. Tours, 1882, pp. 23 et sq.

jeune comte arrivait au trône. L'exemple de tous ceux qui s'attachèrent au service des Valois-Angoulême, les Boisy, les Duprat, les Brinon, et tant d'autres que le roi de France paya si magnifiquement des services rendus au petit duc d'Angoulême, prouve suffisamment combien Candida avait vu juste.

Les deux médailles de la maison d'Angoulême ont une valeur iconographique et artistique de premier ordre. Les effigies de Louise de Savoie et de Marguerite d'Angoulême méritent une place d'honneur parmi les très rares portraits de ces deux princesses. Quant à la médaille de François Ier, elle est encore plus digne d'attention : l'effigie du jeune comte d'Angoulême doit prendre la tête de la série des portraits de François Ier ; la salamandre du revers a été le prototype de ces légions de salamandres qui envahirent toutes les constructions royales au temps de François Ier ; de même que le *motto* qui l'entoure a donné naissance à la fameuse devise : *Nutrisco et extinguo.*

L'exceptionnelle importance de ces deux pièces exige que nous recherchions dans quelles circonstances elles ont été exécutées [1].

Le comte d'Angoulême, père de François Ier, mourut le 1er janvier 1496, et aussitôt après, le duc Louis d'Orléans (depuis Louis XII), se fit adjuger la

---

1. Pour les premières années du règne de Louis XII consulter : R. de Maulde, *Procédures politiques du règne de Louis XII.* — P. Paris. *Etudes sur François Ier.* Paris, 1885, in-8, t. I. — G. Jacqueton, *Les relations diplomatiques de la France et de l'Angleterre.* Paris, 1891, in-8. — Pelicier, *Essai sur le gouvernement de la dame de Beaujeu.* Paris, 1883, in-8. — B. de Mandrot, *Ymbert de Batarnay,* etc.

tutelle, Louise de Savoie étant mineure de 25 ans.
En 1498, à son avènement, Louis XII chargea verba-
lement le maréchal de Gié (déjà exécuteur testamen-
taire du comte d'Angoulême) du gouvernement du
jeune François et de la garde de sa mère. L'un des
premiers soins du roi fut, sur le conseil du maréchal,
de faire venir à la cour, où ils ne paraissaient guère
auparavant, la comtesse et ses deux enfants. Cette
même année, Louis XII donna à François d'Angoulême le duché de Valois et il invita la comtesse à
amener ses enfants à Chinon. « Il n'eût pas tenu, dit
Saint-Gelais, plus grand compte des deux enfants s'il
eût été leur propre père [1]. » En effet, on voyait fréquemment le roi apparaître en public accompagné
du comte d'Angoulême ; c'est ainsi qu'il l'avait à son
côté dans l'entrevue solennelle avec Philippe le Beau.

Dès cette époque, le maréchal de Gié, « mauvais
Breton, » peut-être, mais excellent Français, capitaine prudent et solide, politique avisé, actif, patient,
tourne tout son espoir vers François d'Angoulême et
s'efforce de l'avoir complètement dans la main ; d'où
l'hostilité jalouse de Louise de Savoie.

En 1501, le roi étant gravement malade, Gié prit
l'initiative du mariage entre François et Claude de
France. Il en parle au roi et à la reine. Mais cette
dernière, qui rêvait quelque merveilleuse destinée
pour sa fille, finit au contraire, à force d'obsession,
par obtenir le consentement du roi pour les fian-

---

1. Godefroy, *Hist. de Louis XII*, p. 137. — Lacroix, *Louis XII et Anne de Bretagne*, p. 114. — Cf. P. Paris, *Étude sur François I*[er]. Paris, 1885, in-8, t. I.

çailles de Claude avec l'archiduc Charles, la dot
étant la Bretagne et tous les domaines apanagistes
de la maison d'Orléans. Gié se tut, mais se prépara
dès ce moment à garantir, en cas de mort du roi,
les personnes du comte d'Angoulême et de Claude
de France. Tous ces projets, ces sourdes hostilités
même ne faisaient que concentrer de plus en plus
l'attention des bons Français sur ce jeune duc de
Valois qui, en possession de la faveur royale, voyait
s'augmenter de jour en jour les chances de succéder
au roi.

Aussi, quand Louis XII, déjà affaibli et malade,
tomba accablé par les mauvaises nouvelles d'Italie
et condamné par les médecins (fin janvier 1504), tous
les yeux se tournèrent plus que jamais vers François
d'Angoulême. La reine Anne se préparait à rentrer
en Bretagne avec ses trésors, et le maréchal de Gié,
se tenant sur le qui-vive, faisait arrêter les bateaux
de la reine. Voilà le moment choisi par Candida pour
exécuter cette médaille de François Ier, qui porte la
date de 1504. Elle était appelée, dans de pareilles
circonstances, à avoir le plus grand succès dans la
France entière.

Le roi à peine guéri, Gié court annoncer la nouvelle de la guérison à Louise de Savoie et presse la
conclusion du mariage entre François et Claude.

Georges d'Amboise, qui était absent, revint sur
ces entrefaites et, jaloux de l'influence prise par le
maréchal, lâcha la bride aux rancunes combinées
d'Anne de Bretagne et de Louise de Savoie. Dès
lors, le procès de Gié s'organise et s'échafaude,

malgré les répugnances de Louis XII. Le 12 juillet
1504, l'information est ouverte. Gié, interrogé, avoue
fièrement la disgrâce de la reine et son ambition de
voir se conclure le mariage de François et de Claude.

Au commencement d'avril 1505, Louis retombe
malade; il teste au mois de mai et ordonne, dans
son testament, de marier Claude à François. Quelle
éclatante justification de la conduite de Gié, le pro-
moteur de cette union ! Comme conclusion, au mois
de juillet de la même année, le roi, à peine guéri, se
consolait des bouderies et de la longue absence de
la reine en Bretagne, en annonçant officiellement le
mariage de sa fille avec le jeune comte, qu'il traitait
comme son fils.

Mais les trois adversaires du maréchal, Louise,
Anne et le cardinal d'Amboise, ne désarmaient pas,
et enfin, le 9 février 1506, Gié fut condamné, et
privé, par le même jugement, de la garde du comte
d'Angoulême. Notons maintenant cette date dont
nous aurons à tirer parti plus tard, quand nous par-
lerons de la médaille de François d'Angoulême.

La situation de toute la maison d'Angoulême gran-
dissait avec celle de son représentant. C'est aussi à
cette époque, c'est-à-dire entre 1504 et 1505, que
Candida modela la médaille de Louise et de Marguerite. Selon nous, ce fut probablement en 1504, en
même temps que celle de François Ier; elle a même
aspect, même épaisseur, même diamètre. L'affaiblis-
sement du roi et ses maladies successives, aussi bien
que le procès de Gié et le mariage longtemps projeté,
puis enfin décidé, entre Claude et François, tout se

réunissait pour attirer l'attention sur le jeune prince affable et séduisant que sa naissance appelait au trône.

Il est à supposer que J. de Candida fut bien accueilli dans cette petite cour d'Angoulême, très policée, très artiste; où l'on avait peu d'argent, mais beaucoup de goût [1]. On n'y parlait probablement pas italien, car Louise, née d'une Française, dans une cour presque française, était venue très jeune en France; mais on aimait les auteurs italiens, et François, naturellement adonné aux lettres, faisait ses délices de Pétrarque et de Boccace. Notre médailleur rencontrait là ses amis les Briçonnet, trop habiles pour ne pas suivre le mouvement général et s'orienter vers l'astre qui allait se lever. Ils avaient complètement réussi à s'insinuer dans les bonnes grâces des Angoulême. Les preuves abondent de l'attachement de ceux-ci pour les Briçonnets; il nous suffira d'en citer quelques-unes.

En 1507, quand le comte d'Angoulême voulut obtenir la canonisation de saint François de Paule, il envoya à Rome Denis Briçonnet, fils du cardinal de Saint-Malo, d'abord évêque de Toulon, puis de Lodève et de Saint-Malo [2]. Mais celui qui entra le plus dans leur intimité fut Guillaume II, le plus illustre des fils du cardinal de Saint-Malo, le bras droit de son père au concile de Pise, dans les ambassades et partout, celui-là même dont il est parlé dans la lettre de Candida. On se rappelle peut-être que ce

1. L. Delisle, *Le Cabinet des manuscrits*, t. I, pp. 147, 150, 184.
2. G. Bretonneau, *loc. cit.*, p. 275.

Guillaume II, le compagnon de Candida dans la mission de 1493, fut le correspondant[1] et le confesseur de Marguerite d'Angoulême, et que François Ier et Louise de Savoie goûtaient fort ses longues épîtres. Il fut d'ailleurs chargé d'un grand nombre de missions importantes, aussi bien par Louis XII que par François Ier, entre autres, des négociations pour le fameux concordat de 1516[2].

On a vu que Candida avait bien jugé en liant sa fortune à celle des Angoulême. Devenu probablement Français par la naturalisation, comme le devinrent plus tard beaucoup d'artistes italiens et beaucoup de grands seigneurs[3] qui voulaient avoir des bénéfices en France, il fut empêché par la mort de recueillir les fruits de sa politique. Il mourut, sans doute en France, peu de temps après 1504, car on ne trouve après cette date aucune médaille qu'on puisse être tenté de lui attribuer. Son style a pris, à cette époque, une allure si personnelle et si caractéristique, qu'on ne pourrait guère hésiter sur l'attribution à faire, s'il existait encore quelque pièce de lui. Les archives recèlent peut-être de nombreux documents qui permettront de compléter la biographie de ce personnage, qui fut de la lignée des grands artistes de la Renaissance, aptes à toutes les œuvres intellectuelles ou artistiques ; mais à l'inverse, les médailliers

1. Voir au Cabinet des manuscrits (supp. fr., n° 337) une copie contemporaine de la correspondance de Briçonnet avec Marguerite.

2. Bretonneau, *loc. cit.*, p. 209, etc. — Ch. Orion, *Thèse* (faculté de théologie protestante), 1864. — *Grande Encyclopédie*, au mot de Briçonnet.

3. Lettre de Belgiojoso à Ludovic, 27 novembre 1493. Guillaume Briçonnet s'emploie à faire accorder au cardinal Ascagne Sforza des lettres de naturalisation.

n'apporteront, croyons-nous, qu'un petit nombre d'œuvres nouvelles. Qu'importe, d'ailleurs. Un homme peut s'estimer heureux quand il lègue à la postérité une œuvre, une seule qui puisse fixer à toujours sur lui l'attention des âges futurs. Jean de Candida sut produire une série de médailles absolument remarquables, et marquer son œuvre d'un cachet très personnel ; mais il eut en outre la bonne fortune, de par sa haute situation sociale, d'être mis en présence des personnages les plus illustres de la fin du xv⁰ et du commencement du xvɪᵉ siècle, et il traita leurs effigies d'une façon vraiment supérieure. Maximilien et Marie de Bourgogne, Julien et Clément de la Rovère, François Iᵉʳ jeune, Louise de Savoie et la « Marguerite des princesses » n'ont pas de plus beaux portraits que ceux modelés par Candida. Voilà plus qu'il n'en faut, n'est-ce pas, pour sauver un nom de l'obscurité, pour illustrer un artiste. Mais J. de Candida a joué, au point de vue général et comme protagoniste des idées italiennes et de l'idéal italien de la Renaissance, un rôle qu'il ne faut pas oublier, qui se dévoilera et se précisera chaque jour de plus en plus.

Nous allons aborder, dans notre IIᵉ partie, la description et l'explication des médailles, d'abord de celles attribuées à Candida et ensuite de celles qui lui ont été données à tort ou qu'on serait peut-être porté à lui donner. Au cours de cet examen et de ces discussions, nous verrons encore se poser nombre de questions intéressantes.

Mais, auparavant, cherchons à résumer notre étude, à dégager la personnalité de Candida ; voyons le rôle joué par lui parmi ses contemporains, et demandons-nous si cet homme a eu vraiment une physionomie assez caractéristique pour mériter de fixer sur elle l'attention de la postérité.

Guillaume de la Mare l'a proclamé, il fut *historicus, orator* et *sculptorie artis atque plastices hac œtate omnium consummatissimus*.

Historicus, oui, il le fut, mais assez peu. Il le fut, si l'on veut, et si l'on interprète le mot *historicus* dans un sens littéral, notre médailleur ayant réellement écrit un petit résumé historique ; mais si l'on s'en tient à l'esprit, rien ne prouve qu'il ait réellement fait œuvre d'historien, bien qu'il veuille insinuer dans sa préface qu'il a longuement pâli sur les vieilles chroniques, pour mettre au jour ces 31 feuillets de latin, dont la seule partie intéressante est la dédicace[1]. Ce petit résumé est simplement un exercice de rhéteur, tout à fait à la portée de beaucoup d'humanistes de ce temps-là. Il aurait pu aussi bien être composé par tel ou tel latiniste à gages, un Fauste Andrelin ou un Paul Emile, et même par un bon maître-ès-arts, fraîchement diplômé, ainsi, par notre Guillaume de la Mare, qui l'eût écrit peut-être dans un style plus ferme et plus châtié[2].

Orator, Candida l'a été. L'inscription de son nom sur une liste d'ambassadeurs, prouve qu'il l'a été officiellement et au moins de nom. Mais la lettre à

---

1. Le style de cette dédicace est moins original, moins vif, moins alerte que celui de la lettre de Candida ; mais, dans les deux, on trouve des expressions et des tournures semblables.

2. G. de la Mare se vante, dans la 46e lettre de son recueil, d'être maître-ès-arts de l'Université de Paris.

Guillaume Briçonnet va plus loin ; elle établit qu'il fut un diplomate actif et avisé, particulièrement versé dans les affaires ecclésiastiques et employé dans les démêlés de la cour de Rome. Évidemment, il ne fut pas le seul dont on se servit dans ces sortes de négociations ; mais il faut reconnaître qu'il y put rendre des services très appréciables et très spéciaux.

En ce qui concerne les affaires d'Italie, la personnalité de Candida ne se détache pas d'une façon spéciale du groupe de ces Napolitains qui avaient plus ou moins largement leurs entrées à la cour.

Mais Candida fut aussi *sculpteur* et *médailleur*, et c'est sur cette double qualification que G. de la Mare appuie surtout, et avec raison. Candida ne disparaît plus ici au milieu d'une élite, si choisie et si petite soit-elle. Il apparaît seul, à cette extrême fin du xve siècle, à pratiquer en France, pendant de longues années, cet art de la plastique que le moyen âge français ne connut pas ou du moins ne pratiqua pas pour lui-même[1]. Surtout, il fut le seul sculpteur et médailleur italien installé à ce moment dans notre pays, et y produisant, d'une façon continue, des œuvres dignes de fixer l'attention des contemporains et de la postérité. Par la pondération de ses qualités artistiques, par cette harmonie, cette simplicité, ce rien de trop, qui sont aussi des qualités éminemment françaises, il ne put qu'avoir une influence des plus utiles sur notre

---

1. Évidemment, les artistes français du xve siècle connurent le plâtre, la cire et la glaise, et les utilisèrent, cette dernière surtout ; mais ce ne fut jamais que pour exécuter des modèles, des projets, des patrons, et non pour des œuvres définitives.

art national, influence d'autant plus réelle et active
que l'exemple venait d'un artiste émérite, qui fut en
même temps un savant humaniste et un homme
d'État familier des plus puissantes cours souveraines.

II

Nous avons esquissé, dans la première partie de
cette étude, la biographie de Candida. Après avoir
établi sa nationalité, nous l'avons accompagné successivement à la cour de Bourgogne, à la cour de
France et dans diverses ambassades ; nous avons vu
dans quel milieu il avait passé sa vie, et de sa haute
situation sociale aussi bien que de sa valeur personnelle, nous avons conclu à sa grande influence
artistique ; enfin, nous avons nettement constaté qu'il
avait été en relation avec tous les personnages dont
nous allons décrire et expliquer les médailles dans
cette seconde partie.

Nous placerons ces pièces dans l'ordre chronologique qui nous paraît être ici le seul admissible, puisqu'il s'agit, pour nos attributions, de suivre pas à pas
notre médailleur dans l'évolution normale de son
talent.

On verra les pièces se classer ainsi d'elles-mêmes,
se rapprocher les unes des autres comme se rapprochent et se soudent entre eux les anneaux d'une
chaîne ; on les verra se répartir en deux séries assez
distinctes, la série italo-flamande et la série française.
Si au contraire on adoptait l'ordre alphabétique, ainsi

que l'a fait Aloïss Heiss, ces mêmes pièces s'entremê-
leraient à tel point, que l'on pourrait hésiter parfois à
attribuer au même médailleur des œuvres exécutées
à plus de vingt ans de distance, et dont l'attribution ne souffre cependant aucune difficulté quand
elles sont mises à leur place, dans le seul ordre nor-
mal ici, l'ordre chronologique.

I.

ANTONIO GRATIA DEI
(R. N. 1894, planche VI, n° 1.)

MAGIS : ANTHON | IVS : GRATIA DEI. Buste de
Gratia Dei, à droite, les cheveux mi-longs, taillés
droit sur le front et échancrés de façon à dégager le
bas de l'oreille ; coiffé d'une calotte ou bonnet en
forme de fez, et vêtu d'une robe, avec chaperon semblable à un capuce ayant la coiffe abattue sur le dos.
En relief, sur la tranche de l'épaule, la signature :
CANDID.

℞. Dans une couronne, un écu chargé d'un croissant enflammé surmonté d'un cœur, avec trois étoiles
en chef.

Cabinet de France, bronze. Diamètre, 41 millimètres [1].

Nous ignorons la date de la naissance de Gratia
Dei ; nous savons seulement, par le *Diarium* de
Burchard [2], qu'il fut attaché à la chancellerie pontifi-

---

1. Delisle, *Bibliothèque de l'École des Chartes*, tome LI, 1890, pp. 310-312.
— Armand, *loc. cit.*, t. I, p. 106, n° 1. — A. Heiss, *Rev. num.*, 1890, pp. 464, 475-476.

2. *Diarium*, édit. Thuasne, t. II, pp. 370, 381, 485, 542.

cale. Au mois de mai 1497, il est nommé parmi les
« officiales collectorie plumbi », et le même mois,
il est compté par Burchard parmi les « écrivains apostoliques », titre qu'il porte encore le 12 juin 1498 et
au mois de mai de l'année suivante.

Aucune autre qualification que celle de « magis-
ter » n'apparaît sur la médaille, ce qui fait supposer
qu'Antonio n'était pas encore attaché officiellement
à l'administration pontificale. Il semble, en effet, fort
jeune sur cette pièce, et le capuchon qu'il porte n'est
pas le camail ecclésiastique, car la présence de cet
insigne n'est justifiée par aucun titre de la légende.
Nous croyons avoir là simplement devant nous le
portrait d'un jeune clerc qui vient de terminer ses
études.

Ce bonnet rond, en forme de calotte, sans cordon
au sommet, sans quadrature, enfoncé en arrière sur
la tête est analogue à celui que porte le jeune clerc
du *Songe de Polyphile*. Antonio Gratia Dei est coiffé
de cheveux mi-longs et de ce bonnet à l'italienne,
comme une foule d'autres personnages de cette
époque; par exemple, pour ne citer que des médailles,
comme le jeune acolyte Gianfrancesco Marascha,
abréviateur des lettres apostoliques [1], comme le poète
lauréat Francesco Vitalis [2], un peu aussi comme le
jeune Candida sur la médaille que nous avons déjà
dessinée [3]; comme beaucoup d'autres jeunes clercs
et même de prélats de la cour de Rome, tels que les

1. *Trés. de num.*, méd. italiennes, 2ᵉ partie, pl. XXXI, n° 1. — Armand, t. I,
p. 55, n° 3.
2. *Trés. de num.*, loc. cit., pl. XXXIX, 5. — Armand, t. II, p. 61, n° 14.
3. Cf. A Heiss, *Rev. num.*, 1890, pl. XI, n° 1.

protonotaires Antongaleazzo Bentivoglio et Casali
Catelano[1], dont Sperandio nous a laissé les effigies.

Mais cette espèce de bonnet, de calotte ou de bar-
rette ressemble fort à celle que recevaient les étu-
diants quand ils étaient admis au grade de maître
ès arts, ou en théologie. Quant au chaperon en
forme de capuce et à coiffe abattue sur le dos, il
paraît très analogue à celui qui ornait la robe des
docteurs[2]. Ainsi donc, ce bonnet et cette petite
pèlerine à capuchon caractérisent le « maître »; ce
sont, en effet, encore là les insignes attribués, dans
une danse macabre publiée sous le nom de Jean Gerson, au « maistre qui est au bout de la dance », et
qui a déjà figuré à sa place et avec le même accoutrement dans le funèbre cortège[3].

Rien ne nous permet de fixer d'une façon sûre la
date de la médaille de Gratia Dei; mais il est à
croire, à raison du style et de la dimension, que
Candida exécuta cette pièce avant 1475, à l'époque
où un ami modelait son propre portrait. Maître
Antonio, son compagnon d'humanités, venait de
clore le cours de ses études théologiques par l'ob-
tention du grade de docteur, avant d'être attaché à
la cour pontificale. Cet Antonio Gratia Dei paraît être
arrivé à un âge assez avancé, car sa signature apparaît encore au mois de septembre 1529 sur une bulle
enregistrée à la chambre apostolique[4].

---

1. A. Heiss, *Sperandio*, pl. III, n° 3 et p. 30 ; pl. V, n° 2 et p. 35.

2. Quicherat, *Hist. du costume*, 1re édit., p. 322.

3. *La danse macabre composée par maistre Jean Gerson*, 1425. Réimpression
en fac-similé par L. Willem, Paris, s. d.

4. Rymer, *Fœdera*, t. VI, 2e partie, p. 137.

II.

GIOVANNI PALOMAR
(Planche VI, n° 2.)

✠IOHANNES✠PALOMA | R ▾ RE | GIVS✠ORA-
TOR✠. Buste de Palomar, à droite; vêtu d'une robe
à collet droit et d'un étroit manteau ; coiffé d'un bonnet avec cordonnet au sommet et petit retroussis
par derrière ; la chevelure disposée comme celle de
Gratia Dei, assez longue sur la nuque, taillée droit
sur le front et ne laissant à découvert que la partie
inférieure de l'oreille.

℞. Au milieu d'une couronne identique à celles des
revers d'Antonio Gratia Dei et de Ruter, un mono-
gramme formé des deux lettres I D.

Cabinet de France, bronze ; diamètre, 49 millimètres 1/2. Exemplaire défectueux. — Un autre
exemplaire de cette pièce a paru à la vente Robin-
son, où elle portait le n° 742 ; un troisième exemplaire se trouve au Cabinet impérial de Vienne ; un
quatrième au South Kensington Museum.

Armand, t. II, p. 109, n° 14.

C'est là sans aucun doute le portrait d'un homme
âgé. Le titre d'ambassadeur royal, *regius orator*,
qu'il porte sur la médaille, et son nom espagnol, très
rare en Italie [1], nous permettent d'identifier ce personnage, jusqu'ici resté inconnu, avec un certain Giovanni Palomar mentionné plusieurs fois par Trin-

1. Carlo de Lellis, *Discorsi delle famiglie nobili del regno di Napoli*,
Naples, 1671, in-f°, t. III, p. 360. — En Espagne, ce nom est très connu et a été
porté notamment par l'un des premiers imprimeurs de Valence. (Catalogue
Ricardo Heredia, n° 87.)

chera[1], envoyé comme ambassadeur auprès du roi de France par le roi de Naples, et chargé par ce dernier d'offrir au souverain français un cheval élevé dans les célèbres haras napolitains.

Cette médaille est à comparer surtout avec celles de Jean Carondelet, de Jean de la Gruthuse, de Nicolas Ruter et la deuxième de Maximilien ; elle est d'une fonte identique, a mêmes dimensions et même style, et doit être attribuée à Candida, bien que nous ne puissions préciser d'une façon sûre à quelle date elle a été exécutée.

II et III.

MAXIMILIEN D'AUTRICHE ET MARIE DE BOURGOGNE
(Planche VII, n⁰ˢ 4 et 5.)

MAXIMILIANVS | DVX AVSTRIAE : B | VRGVND. Buste de Maximilien, à droite, vêtu d'une robe ouverte en pointe et d'un surcot lacé sur la poitrine. Sur la tête, une couronne en forme de torsade ; les cheveux abondants, coupés droit sur le front, descendant jusqu'aux sourcils et couvrant les épaules.

℞. MARIA DVX BVR | GVNDIAE : AVST | RIAE : Buste de Marie, à gauche, couronné d'un délicat cercle d'orfèvrerie orné de fleurons ; les cheveux roulés en bandeaux gonflants, serrés à hauteur de la nuque par une bague d'orfèvrerie et retombant sur le dos en queue de cheval ; au cou, un ruban orné d'un bijou ; la robe largement décolletée et laissant appa-

1. Trinchera, *Codice aragonese*, in-8°, t. I, pp. 38, 48, 102, 231, 314, 342, 373.

raitre un fin tissu collant qui couvre la poitrine et monte jusqu'au cou, la *collerette*[1].

Musée impérial de Vienne, bronze. Diamètre, 45 millimètres.

✠MAXIMILIANVS ⸱FR ⸱CAES⸱ F⸱ DVX ⸱AVSTR ⸱BVRGVND✠ Buste de Maximilien, à droite, avec une double couronne sur la tête, l'une de myrte (?)[2], l'autre en forme de torsade ; la chevelure abondante, couvrant le front et les épaules comme sur la médaille précédente. Le costume est semblable à celui que portent Jean de la Gruthuse et Jean Miette sur la médaille de 1479 : même surcot lacé, même robe à revers.

℟. MARIA·KAROLI·F·DVX·BVRGVNDIAE·AVSTRIAE·BRAB·C·FLAN : Buste de Marie, à droite ; les cheveux relevés et noués en chignon ; la robe très largement échancrée tout autour de l'encolure, lais-

---

1. Quicherat, *Hist. du costume*, 1re édit., p. 336.

2. Dans l'antiquité, le myrte était consacré à Vénus ; depuis la Renaissance, il est le symbole de l'Hyménée et de l'Amour. Donnons quelques exemples. Au bas du portrait de Marie d'Angleterre, troisième femme de Louis XII, Mézeray a fait inscrire dans son *Histoire* un quatrain dont voici les deux derniers vers :

> « Mais elle vit changer, par les mains de la Parque,
> Ses myrthes amoureux en funestes cyprès. »

Dans un projet de médaille commémorative du mariage du Dauphin, en 1744, il est dit que l'Hyménée sera représenté sous un berceau de myrte. (*Rev. numis. fr.*, 1885, p. 207). Sur une médaille de Sobieski, de 1694, est inscrite la légende suivante : Succedit laurea myrte, afin de rappeler en même temps une des victoires du roi et le mariage de sa fille (Raczynski. *Le médailler de Pologne*, 1838, in-4°, t. II, p. 349). On pourrait multiplier les exemples, il suffira de rappeler encore le jeton bien connu, frappé en 1600 en l'honneur du mariage de Marie de Médicis avec Henri IV, et au revers duquel on voit une flèche entourée de palmes et de myrtes, avec cette légende significative : *Missile armoris armati*.

sant apparaître la cotte, sur le sternum, en avant de l'échancrure ; avec la gorgerette ou plutôt la collerette [1] montant jusqu'à la naissance du cou. Dans le champ, derrière le buste, deux M (initiales de Maximilien et de Marie) surmontées d'une couronne fermée.

Cabinet de France, bronze ; diamètre, 48 millimètres. Cette pièce, qui est assez commune, se trouve aussi, en beaux exemplaires, dans les collections Montigny, Valton, au Cabinet impérial de Vienne, etc.

Armand, *loc. cit.*, t. II, p. 80, n°s 1 et 3. — Van Mieris, *loc. cit.*, I, p. 141. — Heraeus, *Bildnisse...*, pl. XIV, n°s 7 et 8. — Pinchart, *loc. cit.*, p. 4. — *Trés. de num., méd. allem.*, pl. IV, n°s 2 et 3. — P. R. P. Marquard Hergott, *Monum. aug. domus Austriae*, t. II, *Nummotheca*, 1re partie, pl. X, n°s 5 et 6, et p. 19.

Nous avons réuni à dessein, bien qu'elles soient de dates différentes, ces deux médailles qui comptent parmi les plus importantes et aussi les plus charmantes de l'œuvre de Candida. La première a plus de jeunesse et d'élégance ; l'autre, plus de caractère, plus de vigueur et de maturité de formes. La première, avec son relief plus plat et moins mouvementé, son plus petit diamètre et ses deux points séparatifs dans les légendes, se rapproche du Gratia Dei, du Miette et du Carondelet. La seconde, avec son énergie de modelé, sa plénitude, son accentuation des formes et sa plus grande dimension, est une œuvre de transition. Elle

1. Quicherat, *Histoire du costume*, 1re édit., p. 336.

rappelle par les deux points des légendes, les premières médailles de notre artiste ; par les petits trèfles aigus et les petits triangles séparatifs, elle se rapproche des œuvres postérieures, du Robert Briçonnet par exemple, dont la légende a d'ailleurs même importance relative et mêmes lettres, et dont l'aspect général est le même. Comparez surtout le profil de Marie et celui de Robert : même façon de présenter le visage, mêmes lèvres légèrement boudeuses, même enchassement de l'œil, même façon d'exprimer le poli de la joue, l'aile du nez, la proéminence du menton.

Ces deux médailles de Maximilien et de Marie — les plus belles effigies princières jusqu'alors produites dans les Flandres et les pays du Nord — méritaient à tous points de vue de devenir célèbres ; elles le devinrent en effet, en Allemagne surtout. D'ailleurs, c'étaient là d'excellents modèles, antérieurs aux médailles allemandes de la belle époque, et où s'affirmaient justement les qualités d'ampleur, de sobriété, de distinction qui font le plus souvent défaut aux artistes allemands. N'est-ce point là de beaucoup la plus belle effigie modelée de la jeunesse de Maximilien, et l'un des seuls portraits authentiques de Marie, puisque tous les portraits gravés de cette princesse procèdent uniquement de deux ou trois types ?

La première médaille fut beaucoup moins répandue que l'autre, et elle est restée la plus rare[1]. Elle

---

1. Le plus bel exemplaire que je connaisse est celui du Cabinet impérial de Vienne. J'ai pu le faire reproduire grâce à l'obligeance de M. F. Kenner, qui a bien voulu m'en faire adresser un excellent moulage et qui voudra bien trouver ici l'expression de ma reconnaissance.

a été reproduite au xvie siècle en taille douce et sur bois, mais avec des variantes.

Quant à la seconde, elle a donné naissance en Allemagne à une multitude d'imitations frappées. La première d'entre elles, exécutée au commencement du xvie siècle, porte la date de 1479 [1]. C'est la plus semblable à l'original ; mais cette ressemblance même ne sert, malgré la finesse des détails, qu'à mieux faire ressortir l'infériorité de style du graveur allemand. Il existe de cette première imitation une variété où, la légende du revers restant la même, le graveur a substitué, à la Marie de Bourgogne de Candida, une Marie en hennin surmonté d'un long voile.

Je m'en tiens à ces seules imitations ; je ne veux point parler des copies postérieures, qui sont trop peu artistiques. Toutes ces imitations sont frappées, et diffèrent de l'original coulé, par la date et les inscriptions du champ, par le double grènetis qui encadre la légende, par la plus petite dimension des lettres et leur forme différente, par la recherche des petits détails, par les changements opérés dans le costume de Marie, enfin par l'alourdissement général et l'avilissement de la forme.

Pinchart a prétendu que non seulement ces deux médailles de Candida sont flamandes et de la même main, mais encore qu'elles ont été exécutées en vue du même évènement. Qu'elles aient été faites en même temps, cela est peu vraisemblable, *a priori* ; mais il y a entre ces portraits des différences de phy-

---

1. Van Mieris, t. I. p. 152. — *Mémoires de Philippe de Commines*, édit. Chantelauze, p. 367. — *Uebersicht des Kunsthistorischen Sammlungen der Allerhöchsten Kaiserhauses*, Vienne, 1891, p. 25 et 26.

sionomie qui ne laissent subsister aucun doute. Dans
notre seconde pièce, les traits de Maximilien sont
accentués et vieillis, et Marie a pris un sensible em-
bonpoint. Selon nous, la première de ces médailles a
été exécutée à l'occasion du mariage de Maximilien
et de Marie célébré le 19 août 1477, et a donné lieu
au payement du 10 octobre de la même année[1]. Quant
à l'autre, elle date de la mort de Marie (27 mars
1482), ou plutôt de l'année 1479, dans le courant de
laquelle fut livrée la bataille de Guinegate, victoire
plus retentissante que décisive, mais en tout cas, premier grand succès personnel de Maximilien. En effet,
non seulement l'archiduc a, sur cette pièce, le
même costume que J. de la Gruthuse sur celle de
1479 ; mais, chose plus notable encore, toutes les
copies dont nous venons de parler (et quelques-unes
paraissent avoir été frappées par l'ordre même de
Maximilien) portent uniformément cette date de 1479.

IV.

JEAN CARONDELET ET MARGUERITE DE CHASSEY

: IOHANNES CARONDELE | TVS PRAES BUR-
GVND : Buste de Jean Carondelet, à droite; vêtu
d'un pourpoint[2] dont le col droit dépasse légèrement
celui de la robe ; coiffé d'un bonnet terminé au sommet par une ganse, enfoncé sur la tête de façon à
cacher presque toute l'oreille et à ne laisser apparaître que le bas de la chevelure. Sous la tranche de
l'épaule, 1479.

1. Voir ci-dessus, pp. 21-23.
2. Quicherat, *loc. cit.*, pp. 341-342.

℞. MARGARITA DE CHASSE. Buste de Marguerite de Chassey, à droite; vêtue d'une robe largement décolletée, et coiffée d'un *hennin* dont le voile tombe sur les épaules.

Cabinet de France, bronze; diamètre, 48 millimètres 1/2. — *Trés. de num.*, France, 1ʳᵉ partie, pl. XLVIII, 3. — Van Mieris, *loc. cit.*, pp. 203-204. — *Magasin pittoresque*, 1851, p. 403. — Pinchart, *loc. cit.*, p. 3. — Armand, t. II, p. 86, n° 10.

Cet exemplaire a été complètement ciselé; mais ce n'est pas là une exception, le ciseleur s'est acharné sur tous les autres exemplaires que nous connaissons et leur a fait subir des détériorations semblables; l'effigie de Marguerite a été particulièrement maltraitée.

Le diamètre de cette pièce est sensiblement égal à celui du Palomar et à celui de la deuxième médaille de Maximilien et de Marie. Les deux points séparatifs du commencement de la légende (particularité si rare sur les médailles de la Renaissance) font ressembler le Carondelet au Gratia Dei, au Miette, tous les deux signés, et aussi aux médailles de Maximilien et de Marie.

D'excellentes biographies de Jean Carondelet et de Marguerite de Chassey publiées, dans la *Biographie nationale belge*, par M. Gachard, et par M. Castan dans la *Grande encyclopédie*[1] nous dispensent d'insister sur les détails de la vie de ces deux personnages; il suffira de rappeler les faits principaux. Jean Carondelet, seigneur de Champvans et de Solre,

---

1. Cf. R. de Lurion, *Nobiliaire de la Franche-Comté.* — *Inventaire sommaire des Archives du Nord*, t. II, p. 229; t. IV, pp. 241, 270, 272. — Dom Plancher, *Histoire de Bourgogne*, t. IV, pp. 346, 361, 378.

chancelier de Bourgogne, naquit à Dôle en 1429 et
servit tous les souverains des Pays-Bas, depuis Philippe le Bon jusqu'à Philippe le Beau, qui lui enleva,
vers 1496, la charge de chancelier de Bourgogne. Le titre de président de Bourgogne qu'il
porte sur la médaille lui avait été conféré par Maximilien et Marie dans plusieurs lettres patentes des
années 1478 et 1479. C'est en 1466 qu'il avait épousé
cette courageuse Marguerite de Chassy dont on voit
le portrait sur notre médaille, et qui lui sauva la vie
en 1488 au milieu d'un soulèvement de la populace
gantoise. « Carondelet, dit M. Gachard, fut jurisconsulte profond, magistrat intègre, négociateur habile,
ministre actif et ferme. » Il mourut à Malines le
2 mars 1501 ; son corps fut transporté dans l'église
collégiale de Dôle. Sa femme, décédée le 30 mai
1511, fut enterrée à côté de lui et sous le même mau-
solée.

V.

JEAN DE LA GRUTHUSE ET JEAN MIETTE

(Planche VII, n° 6.)

IOHANNES DE GRVTHVSA | CASTELLANVS
INSVLARVM. Buste de Jean de la Gruthuse, à droite ;
vêtu d'un pourpoint ouvert en pointe et lacé sur la
poitrine, et, par dessus, d'une robe à revers, avec
chaîne au cou. Il est coiffé d'un petit bonnet enfoncé
droit sur la tête et dont le bord est coquettement
relevé par derrière ; les cheveux sont longs, coupés
droit sur le front, tombant jusque sur les yeux et
descendant sur la nuque. Derrière la tête, un grand

A ; sous la tranche du buste, deux A inscrits dans les boucles d'une cordelière de saint François [1] disposée en forme de lacs d'amour.

R̵. ·: **ıeꞕan : miette:** Buste de Jean Miette, à droite ; vêtu, comme Jean de la Gruthuse, d'un pourpoint lacé sur la poitrine et d'une robe à revers [2] ; coiffé d'un bonnet rond plissé au sommet et surmonté d'une courte ganse. Les cheveux mi-longs tombent sur le front, laissent apparaître une partie de l'oreille et forment touffe sur la nuque. Derrière le buste, le mot INS | VLIS coupé en deux par une tour, sur la base de laquelle on lit : CARCER | CANDIDE, et plus bas : 1419. Sous la tranche du buste : CVSTOS.

Candida latinise habituellement le nom de ses personnages ; pour le revers de Miette, il a employé la langue courante, et c'est probablement pour cela qu'il s'est servi aussi des caractères vulgaires, des caractères gothiques.

Musée de Berlin, bronze, 52 millimètres.

Le Musée de Bruxelles possède aussi un exemplaire complet, mais très médiocre, de cette pièce rarissime. L'exemplaire du Cabinet de France est malheureusement incomplet ; il ne porte que l'effigie de Jean Miette, celle qui nous a servi pour notre dessin ainsi que pour la pl. VII ; il mesure 53 millimètres de diamètre.

---

1. Le père et la mère de Jean de la Gruthuse, très dévots à saint François d'Assise fondèrent en 1469, à Bruges, un couvent pour les sœurs Colettes, et leur firent bâtir aussi une église dont les autels furent bénis le 31 août 1477 en présence de Maximilien et de Marie, et de Marguerite d'York, veuve de Charles le Téméraire.

2. Cette robe dite « à collet renversé » était encore de mode en 1491-1492. (*Archives nat.*, K K. 72.)

Van Mieris, 1, 167. — Van Hende, *Numismatique lilloise*, pp. 203 et 204. — Pinchart, pp. 2 et 3. — Armand, II, pp. 87 et 88. — Friedlaender, *Jahrbuch der Königlich preussischen Kunstsammlungen*, 1882, pp. 32 à 33. — A. Heiss, *Rev. num.*, 1890, pl. XIII, pp. 465, 466, 476.

Nous avons déjà cherché à expliquer les types de cette médaille. Nous y avons vu, d'un côté, le portrait du châtelain de Lille ou plutôt du « capitaine du château de Lille », titre qu'il ne faut pas confondre avec celui du châtelain féodal, héréditaire, déjà mis à l'écart au point de vue militaire, administratif et judiciaire.

Les quelques indications que nous allons donner sur Jean de la Gruthuse, concernant l'époque où fut modelée la médaille et celle où il passa au parti français, pourront être complétées, en ce qui concerne les autres périodes de la vie de ce personnage, par les renseignements que l'on trouvera dans la *Biographie nationale belge* et dans l'étude consacrée par Van Praët à Louis de Bruges[1].

Nous l'avons déjà dit, Jean de la Gruthuse eut pour père Louis de Bruges, seigneur de la Gruthuse, aussi célèbre par sa collection de manuscrits, son amour des lettres et des arts que par sa naissance, ses richesses, son dévouement au pays, et le rôle important qu'il joua dans la politique et dans la guerre.

---

1. Cf. Godefroy, *loc. cit.*, pp. 346, 348. — *Le Jouvencel*, par Jean de Bueil, édit. Lecestre, t. I, pp. cccxxiv, cccxxxv. — *Chronique de Jean d'Auton*, édit. de Maulde, t. II, p. 13. — *Mémoires d'Ol. de la Marche*, édit. de la Soc. de l'hist. de Fr., t. III. pp. 256-257 ; t. IV, p. 149. — *Commynes*, édit. Chantelauze, etc.

Jean de la Gruthuse comptait lui-même parmi les seigneurs de Flandre les plus richement dotés et les plus titrés, les plus influents aussi dans les conseils de Marie et de Maximilien.

En 1479, l'année même de la médaille, le 7 août, avant la bataille de Guinegate où il allait être pris par les Français, Jean de la Gruthuse fut créé chevalier par Maximilien ; cette dignité est peut-être rappelée par la chaîne qui figure à son cou sur notre pièce.

Louis XI fit « pratiquer » son prisonnier dans la prison même, et dès lors commença à le gagner ; puis il le pensionna. Jean de la Gruthuse, rendu à la liberté, devint un des tenants de la politique et de l'influence françaises dans les Flandres, jusqu'au moment où il passa ostensiblement au service du roi de France, qui le combla d'honneurs et de dignités. Il mourut en 1512, à Abbeville, avec les titres de « chevalier de l'Ordre, gouverneur et lieutenant général du Roy ès pays de Picardie, etc., capitaine de cent hommes d'armes [1] ».

En 1483, Jean fut appelé, malgré sa volte-face, à ratifier, comme noble de Flandre et au nom de Maximilien son souverain naturel, le traité d'Arras. Il est dit dans ce document « conseiller et chambellan du duc d'Autriche, grand veneur de Flandre et *capitaine du Chastel de Lille* ». Van Praët a cru, à tort, que c'était à l'occasion de ce traité que notre médaille avait été exécutée. L'année suivante Jean de la Gruthuse fut nommé par les Gantois capitaine militaire

---

1. Epitaphe de Jean de la Gruthuse. Voir A. Heiss, *Rev. num.*, 1890, p. 466. —Cf. Van Praët.

de Lille, Douai et Orchies, afin de maintenir ces trois villes dans le parti des Etats de Flandre qui réclamaient la tutelle des enfants de Maximilien. Puis, il fut député pour réclamer le secours de la France en faveur des Etats ; il livra alors la citadelle de Lille. La désertion était complète ; aussi, le 11 juillet 1485, fut-il condamné à payer 300.000 écus pour avoir soutenu la sédition des Gantois, réprimée par Maximilien. La même année, son père était jeté en prison, et il était remplacé lui-même comme gouverneur de Lille par Baudoin de Lannoy, qui prêtait serment à la ville de Lille le 18 août 1485 [1].

Depuis Van Mieris, on a généralement interprété par « Arma armis arcenda » les trois A du champ de la médaille de Jean de la Gruthuse ; mais la dimension inégale de ces lettres et leur disposition semblent, du premier coup, infirmer cette hypothèse. Ne pourrait-on pas supposer que les deux A inscrits dans les boucles de la cordelière désignent les Van der Aa, dits de Bruges, seigneurs de la Gruthuse, aux titres et armes desquels Jean de la Gruthuse avait succédé ? Et le grand A du champ ne serait-il pas tout simplement l'initiale du nom de sa première femme, Marie d'Auxy, qu'il avait épousée cette année même ?

Il nous a été impossible de rien découvrir sur Jean Miette. Tout ce que nous pouvons dire, c'est qu'il appartenait probablement à la même famille que Jean Miette, charpentier assermenté de la ville de Lille, qui vivait à la fin du xive siècle et au commen-

1. Van Hende, *loc. cit.*, pp. 203 à 204.

cement du xvᵉ et qui exécuta, ainsi que plus tard
Jacques Miette, divers travaux à la halle de Lille[1].
Peut-être notre Jean Miette était-il proche parent
d'un certain Guillaume Miette, médecin ordinaire
du roi en 1490[2], et qui avait déjà reçu, à ce titre, de
1487 à 1488, divers dons extraordinaires, parmi lesquels un cadeau spécial « pour habiller de neuf »
son fils « le petit Pierre Myecte[3] ». Au milieu
du xvᵉ siècle, on trouve un Miette, fils de Mᵉ Hugues
Miette, avocat au Parlement, qui est qualifié seigneur
de Boisrault et de Talonville au baillage d'Amiens et
qui porte ce prénom de Jean que portèrent aussi et
le maître charpentier du commencement du xvᵉ siècle,
et le gardien de la prison de Lille[4].

VII.

NICOLAS RUTER

(Planche VI, n° 3.)

NICOLAVS RVTER MAXIMILIANI SECRETA-
RIVS. Grènetis autour de la légende. Buste de
Nicolas Ruter, à droite ; coiffé d'un bonnet surmonté
d'un petit cordon et légèrement retroussé par derrière ; les cheveux courts sur le front et longs sur la
nuque ; l'oreille complètement dégagée. Il est vêtu

1. Demay, *Sceaux de Flandres*, n° 4795. — J. Houdoy, *La halle échevinale de Lille, 1235-1664*, Lille, 1870, in-8°, pp. 41, 46, 47.
2. Godefroy, *loc. cit.*, p. 609.
3. Archives nationales, K K. 70, fol. 318, 321.
4. Bibl. nationale, *Cab. d'Hozier*, 6283. — Ce nom de Miette se rencontre fréquemment en Picardie et dans les Flandres ; voir : *Inventaire sommaire des archives du Nord*, t II, p. 207. — Leuridan, *Les Châtelains de Lille*, p. 332. — *Actes de François I*, année 1533. — Cabinet des titres à la Bibl. nat., *pièces originales*, n° 1962.

d'une robe à col bas et droit, et d'un surcot dont le col dépasse celui de la robe.

℞. Couronne entre deux grènetis, et, au milieu du champ, l'inscription suivante : INGENI | VM PIE-TAS | ET | FIDES. Cette disposition de revers se rencontre fréquemment sur les monnaies romaines, et notamment sur les grands bronzes d'Hadrien.

Musée royal de Bruxelles, bronze ; diamètre, 51 millimètres(?). Van Mieris, t. I, p. 424. — Pinchart, *loc. cit.*, p. 3 et 4. — Armand, t. II, p. 81, n° 6.

Il importe de comparer le costume de Ruter avec celui de Jean Carondelet et de Pierre de Courthardi ; pour la tranche du buste, le retroussis du bonnet, il faut voir la médaille de Palomar et celle de Jean de la Gruthuse. En ce qui concerne le revers, la couronne est identique à celle du Palomar et à celle de l'Antonio Gratia Dei ; l'inscription doit être rapprochée de celles du Pierre de Sacierges, du Pierre de Courthardi et des Robert Briçonnet.

Nicolas Ruter ou de Ruter naquit près de Remich dans le Luxembourg. Il servit successivement Philippe le Bon, Charles le Téméraire, Marie et Maximilien, et Philippe le Beau, dont il fut ambassadeur en 1501. Grâce à eux, il obtint de grands honneurs ainsi que beaucoup de charges civiles et ecclésiastiques, à Louvain, à Haarlem, Cambrai, Deventer, Bruges, Termonde et Lierre. Il fut prévôt de l'église Saint-Pierre à Louvain, et par suite chancelier de l'université de cette ville. Étant devenu évêque d'Arras, Ruter fonda à Louvain le collège d'Arras, et mourut à Malines le

19 novembre 1509. C'est en 1478[1] et non en 1480,
comme le disent Pinchart et Armand, que Ruter fut
nommé premier secrétaire, et c'est entre 1478 et le
départ, pour la France, de son collègue Jean de Candida, comme lui secrétaire du duc et de la duchesse,
que fut modelée notre médaille, exécutée vraisemblablement peu de temps avant le départ de Candida, et
probablement vers 1482.

VIII.

PIERRE DE COURTHARDI

PETRVS CORTHARDVS REGIVS ADVOCATVS,
grènetis autour de la légende. Buste de Pierre de
Courthardi, à droite ; coiffé d'un bonnet rond avec pli
vertical au milieu, deux dépressions horizontales vers
le haut, et petit cordon dépassant légèrement le sommet ; les cheveux, coupés court sur le front, couvrent
complètement l'oreille et tombent sur la nuque. Ce
personnage est vêtu d'une robe à collet droit et court
que dépasse le col du surcot. Costume et bonnet sont
semblables à ceux de Robert Briçonnet, président des
enquêtes, de Pierre de Sacierges, de Guillaume des
Perriers, et aussi de Ruter et de Carondelet.

℞. Inscription en cinq lignes : ARS | VIRTVS |
ET | INGENIVM. Grènetis autour du champ.

Cabinet de France, bronze; surmoulé ancien un
peu flou, mais non retouché, provenant de l'ancienne
collection Montigny. Diamètre, 55 millimètres.
Jacques de Bie, *La France métallique*, p. 201, III. —

1. Archives du Nord, B. 2116 (*Inventaire sommaire*, t. IV, p. 254-255).

Trésor de numismatique, médailles françaises, 1re partie, pl. LIV, 1, et p. 44. — Armand, *loc. cit.*, t. II, p. 86, n° 11. — A. Heiss, *Rev. num.*, 1890, pl. XIII, n° 1, et pp. 463-464, 477.

Pour la légende du droit sans signes séparatifs entre les mots, cette pièce ressemble au Ruter ; pour la disposition de l'inscription du revers, elle doit être rapprochée du revers du même Ruter et de ceux de Pierre de Sacierges et de Robert Briçonnet.

L'éditeur du XXe volume des *Ordonnances* déclare « n'avoir pu rien découvrir sur P. de Cohardy que son blason [1] ». Voici pourtant quelques renseignements, dont plusieurs inédits.

Ce personnage a signé *Pierre de Courthardi* une lettre autographe adressée au roi [2], au sujet des affaires de Flandres ; mais on trouve également son nom écrit : Courhardy, Couthardy, Courthardy, Cohardy, Cottardi, Cothardy [3].

Notre Pierre de Courthardi était originaire du Maine, et appartenait à la même famille que Séguin de Cohardy, physicien de la reine de Sicile, en 1448, et nommé médecin public de la ville d'Angers le 25 octobre 1454 [4]. Il était le neveu de Jean de Courthardy (alias Couhardi), aumônier de la même reine, mort en 1469 et enterré à Saint-Julien du Mans [5].

Le 6 novembre 1467, Pierre de Courthardi, « licen-

1. *Ordonnances*, t. XX, p. 627.
2. Bibl. nat. ms. fr. 3081, fol. 19.
3. *Ordonnances*, t. XX, pp. 6, 22, 248.
4. Lecoy de la Marche, *Le roi René*, t. I, p. 50 ; *Ext. des comptes et mémoriaux du roi René*, p. 33, note 1.
5. Bibl. nationale, Cab. d'Hozier, 2893, et Coll. Guignières Pc 1 h fol. 13. — Lecoy de la Marche, *Extraits...*, p. 313.

cié en loix, » donne sa procuration pour le règlement
d'affaires de famille. Il devient ensuite juge ordinaire du Maine, président du Conseil de Charles
d'Anjou et garde des sceaux de sa justice. Ce fut lui,
paraît-il, qui porta le dernier comte du Maine à dispo-
ser de ses biens au profit de Louis XI.

Il fut ensuite conseiller du roi, car son nom figure
souvent au bas des ordonnances [1], puis il fut nommé
avocat général au parlement (*advocatus regius*). Il
avait déjà été promu à cette fonction quand il fut
chargé, le 18 mai 1488, d'interjeter appel d'un moni-
toire décerné par le pape contre les Flamands, sujets
du roi [2]. En 1491, il fut envoyé avec Jean Roux de
Visques en ambassade à Milan, par lettres de com-
mission datées du 1er décembre [3] ; les négociations
furent menées vivement, et la ligue avec Milan était
renouvelée le 24 janvier 1492.

Le 20 juillet 1493, à Melun, Charles VIII donnait
des lettres « en faveur de son amé et féal conseiller
et avocat laïc en la cour du parlement de Paris,
maître Pierre de Courthardi », juge ordinaire du
Maine depuis environ 24 ans, pour lui accorder le droit
d'exercer ces dernières fonctions conjointement avec
son fils Pierre, leurs vies durant. Celui-ci, âgé de
20 ans, était dispensé, pour deux ans, de la presta-
tion du serment « afin qu'il pût achever ses études au
pays d'Italie où il était [4] ».

---

1. *Ordonnances*, t. XIX, p. 699 ; t. XX, p. 671, 699, 621 ; t. XXI, p. 22, 248.
—Cf. Valois, *Le Conseil du roi et le Grand conseil*, p. 22. — de Maulde, *Pierre
de Rohan*, p. 97.

2. Godefroy, *Histoire de Charles VIII*, p. 577 et suiv.

3. Bibl. nat., ms. lat. 10133, fol. 473, r°, cité par Delaborde, *L'Expédition
de Charles VIII*, p. 225.

4. Bibl. nat., Cab. d'Hozier, 2893.

Les qualités et les services de Pierre de Courthardi furent très appréciés par le roi ; aussi fut-il nommé premier président du parlement de Paris (juillet 1497), alors qu'il n'était que second avocat général et en dehors de la liste de présentation dressée par le Parlement lui-même.

Pierre de Courthardi, prenant la parole dans une audience solennelle de ce parlement, le 17 mai 1498, déplorait, dans un langage plein d'indépendance et d'élévation, la multiplication des procès et adressait au roi les plus sages conseils [1].

Ce magistrat, zélé pour l'administration de la justice et le bien de l'Etat, mourut en 1505 et fut enterré à Chemiré-le-Gaudin, ainsi qu'en fait foi son épitaphe, que nous croyons inédite et dont une copie est restée au Cabinet des titres [2]. Elle est ainsi conçue :

« Mᵉ Pierre de Courthardi, sᵍʳ dud. lieu, de Viré, Brullon et Bellefille, conᵉʳ et premier président du parlement de France, lequel a trépassé à Paris le 25 octobre 1505 et son corps aporté en ce lieu à Chemiré-le-Gaudin. »

P. de Courthardi doit être compté parmi les amateurs manceaux les plus passionnés pour les choses d'Italie. Il fait modeler son effigie par Candida, et il est si grand admirateur de la littérature et de l'éducation italienne, qu'il ne trouve rien de mieux pour son fils que de l'envoyer « achever ses études au pays d'Italie ».

---

1. Archives nat., Xⁱᵃ 1504, cité par *Ymbert de Balarnay*, p. 214. — Cf. P. Lacroix, *Louis XII et Anne de Bretagne*, p. 72.
2. Cab. d'Hozier, 2893.

L'élévation inattendue de ce protecteur des lettres à la charge de premier président fut accueillie avec joie par tous les humanistes. Guillaume de la Mare s'en réjouit comme d'un succès personnel, et s'empresse d'annoncer cette bonne nouvelle à son ami Fauste Andrelin, le poète lauréat. Celui-ci compose aussitôt son « Carmen de Parrhisiae urbis congratulatione in Petri Coardi primi Franciae presidis electione ». Voilà leur vrai protecteur à tous les deux. Maître Fauste Andrelin lui dédie, comme à son vrai Mécène, « Mecœnati suo », un volume de pièces variées, et Guillaume de la Mare (36ᵉ lettre) l'appelle, avec emphase : « Curarum nostrarum portus atque lenimen unicum. »

<h1 style="text-align:center">IX.</h1>

GUILLAUME DES PERRIERS
(Planche XII, n° 12.)

GVILLERMVS ⚘ DE ⚘ PERERIIS ⚘ AVDITOR ⚘ ROTE. Buste de Guillaume des Perriers, à gauche, vêtu d'une robe à collet droit peu montant ; cheveux courts ; coiffé d'un bonnet sans retroussis, couvrant la plus grande partie de l'oreille, avec deux légers plis horizontaux vers le haut et un bout de cordon au sommet. La robe et le bonnet sont semblables à ceux que portent Robert Briçonnet, comme président aux enquêtes, et Pierre de Sacierges.

℟. GLORIA ⚘ DEO ⚘ PATRI ⚘ ET ⚘ FIL ⚘ ET ⚘ SP ⚘ S ⚘. Ecu à trois poiriers arrachés (armes parlantes).

Cabinet de France, bronze ; diamètre, 58 millimètres.

A. Armand, *Les médailleurs italiens*, t. II, p, 87,
n° 14. — A. Heiss, *Revue numismatique*, 1890,
pl. XV, n° 1, et pp. 467-468, 477.

L'exemplaire du Cabinet de France a été habilement ciselé ; ce travail de ciselure n'en donne pas
moins à la pièce une certaine sécheresse qu'elle
n'avait sûrement pas dans l'original. Le style de cette
médaille la relie à celles des deux personnages que
nous venons d'indiquer ; à 1 millimètre 1/2 près,
elles ont le même diamètre, et entre les mots se
voient les mêmes points séparatifs. Il faut également
comparer, malgré la grande différence de module,
cette pièce avec le Nicolas Maugras, aussi bien pour
la physionomie du personnage que pour la façon de
traiter l'écusson du revers.

Guillaume des Perriers est figuré très âgé sur la
médaille de Candida ; il représenta, en effet, pendant
de très longues années la France au tribunal de la
Rote, la Cour suprême des Etats romains. Il y exerçait les fonctions d'auditeur, qui sont indiquées sur
notre médaille. Ainsi que nous l'apprend un sceau de
1479 [1], Guillaume des Perriers était docteur en droit,
et il possédait déjà, à cette date, le titre « d'auditeur
au Sacré palais apostolique ». Il officia solennellement
le premier jour des obsèques de Sixte IV, en 1484 [2],
et prononça un discours solennel à l'occasion de la

1. Demay, *Sceaux de la Flandre*, t. II, n° 5770.
2. *Jacobi Volateranni, Diarum romanum*, dans Muratori, t. XXXII, 200ᶜ.

réunion du conclave [1] ; depuis, on le trouve fréquemment mentionné dans Burchard [2]. En 1499, son ancienneté le fit nommer doyen du tribunal de la Rote. Il mourut à Rome le 17 novembre 1500, et fut enterré le lendemain à Sainte-Marie-du-Peuple, où ses obsèques solennelles eurent lieu le 1er décembre en présence des cardinaux Alexandrin et de Sienne, ses exécuteurs testamentaires. Ce prélat signala par plusieurs fondations son séjour dans la Ville éternelle, entre autres, par celles d'autels à Saint-Laurent-hors-les-murs et dans la basilique de Saint-Paul.

Nous avons déjà montré que les occasions ne durent pas lui manquer de se rencontrer pendant le cours de sa longue existence, avec le médailleur Jean de Candida, soit à Rome, soit en France ; mais il nous est impossible d'indiquer pour quelle circonstance notre pièce a été exécutée.

X.

PIERRE DE SACIERGES
(Planche XII, n° 11.)

▾ PETRVS ▾ EPYSCOPVS ✿ LVXIONENSIS ▾, filet autour de la légende. Buste de Pierre de Sacierges, à droite ; au dessous : SACIERGES. Bien que ce personnage porte le titre d'évêque, son cos-

---

1. *Sermo habitus Rome... super electione futuri pontificis anno 1484 die Jovis XXVI Augusti*, Rome, Planuck, in-4° de 4 feuillets.

2. *Diarium*, édit. Thuasne, t. I pp. 21, 25, 352, 419 ; t. II, pp. 96, 349, 376, 538, 550, 670 ; t. III, pp. 15, 32, 85, 87.

tume est celui d'un magistrat, semblable en tout à
celui que portent Robert Briçonnet, président des
enquêtes, et Guillaume des Perriers, auditeur de la
Rote. Ce costume n'a rien de commun avec celui des
évêques et des archevêques de ce temps-là, les Nicolas Maugras, évêque d'Uzès, les Robert Briçonnet,
archevêque de Reims, les Julien et les Clément de la
Rovère. Sur notre médaille, la robe à petit collet droit
a remplacé le rochet ; les cheveux, courts sur le front,
sont mi-longs sur la nuque et cachent l'oreille ; le
bonnet est très enfoncé sur la tête, avec un léger pli
au milieu, deux petites dépressions dans le haut et
un bout de cordon au sommet.

℞. Dans le champ, entourée d'un filet, une inscrip-
tion en cinq lignes : DO | MAT | OMNIA | VIRITVS.

Cabinet de France, argent ; diamètre, 58 millimètres 1/2.

Trésor de numismatique, 1º partie, pl. LI, nº 8 et
p. 41. — Heiss, *Rev. num.*, 1890, pl. XIV, 3, et
pp. 470, 476 et 477. — Armand, *loc. cit.*, p. 144,
nº 25.

Cet exemplaire, le seul publié jusqu'à présent, est
gondolé et entièrement repris par le ciseleur ; le
modelé de la figure et du cou ainsi que les lettres
du droit ont particulièrement souffert de ces
retouches.

Pierre Sacierges ou de Sacierges, issu d'une
famille noble du Haut-Poitou, fils d'Etienne et de
Jeanne Reynaud de la Morinière, docteur en tous
droits, fut un de ces légistes amis des arts et des
lettres, qui jouèrent dans l'Etat les rôles les plus

actifs et occupèrent les postes les plus importants à la fin du xve siècle et au commencement du xvie. Il sut, par ses talents, conserver son crédit sous trois règnes. Ce crédit parut même si extraordinaire, à son origine, qu'on prétendit[1], pour l'expliquer, que Sacierges, étant greffier dans le procès intenté à l'abbé de Saint-Jean-d'Angely, avait livré à Louis XI des pièces établissant le meurtre du duc de Guyenne. Voici les principales étapes et les faits les plus importants de la vie de notre personnage[2].

Dès 1470, il est secrétaire du duc de Guyenne. En 1472, il est au service de Louis XI et contresigne plusieurs lettres de ce roi[3]. En 1475, il est notaire-secrétaire du roi, procureur au Grand Conseil, juge-mage et lieutenant natif du pays de Quercy. En 1483, il interjette appel, comme procureur du roi de France, de la nomination par le pape, au mépris des droits de la couronne, d'un évêque au siège de Tournai[4]. A l'avènement de Charles VIII, en 1483, nous le trouvons conseiller au parlement et membre du Conseil de régence. Il est reçu le 8 mai 1484 en l'office de maître des requêtes ordinaire de l'Hôtel[5], et à partir de cette année, il siège très fréquemment au Con-

---

1. Bouchet, *Annales d'Aquitaine*, année 1472.

2. *Ordonnances*, t. XIX, pp. 202, note A, 289, 353, 371, 543, 546, 677, 681, 698 ; t. XX, pp. 258, 286 ; t. XXI, p. 57.—J. d'Auton, *Chronique de Louis XII*, édit. de Maulde, t. I, p. 166, note. — *Gallia Christiana*, t. II, p. 1411. — Bibl. nat. *Titres orig.*, Sacierges.

3. *Lettres de Louis XI*, édit. Vaesen et Charavay, t. IV, pp. 311, 316.

4. Pélicier, *Le gouvernement de la dame de Beaujeu*, Chartres, 1882, in-8°, pp. 188-189. — Cf. Godefroy, *Hist. de Charles VIII*, p. 397.

5. Valois, *Le Conseil du roi et le Grand Conseil pendant la première année du règne de Charles VIII*, pp. 10-11, 21.

seil[1]. Au mois de juillet 1489, il est chargé de négocier la paix de Francfort et concourt à la rédaction de ce traité[2]. L'année suivante, il est envoyé en ambassade auprès de Maximilien[3]. Dans le tome XX des *Ordonnances* (p. 258), sous la date du 28 décembre 1490, il est dit « nostre advocat en parlement » ; quelques pages après (p. 286), il porte le titre de « esleu évesque de Luçon, avril 1491 ». Commis le 13 juillet 1498 à la présidence du Grand Conseil en l'absence du chancelier, il fut nommé, le 11 novembre de l'année suivante, chancelier de Milan et président du sénat[4], bien que maintenu dans ses gages du Grand Conseil, où il ne fut remplacé que le 4 septembre 1501. Le 10 juillet 1500, il avait reçu de riches donations sur les biens confisqués dans le Milanais[5]. De 1511 à 1512, il assista aux sessions du concile de Pise où il joua un rôle important[6]. Il mourut le 9 septembre 1514 et fut enterré dans la chapelle du collège de Saint-Géléasis, qu'il avait fondé à Poitiers.

Pierre de Sacierges ne jouit pas sans contestations du titre d'évêque qui lui est attribué sur la médaille[7]. Elevé à ce siège par le roi et le pape, après la mort

1. Bernier, *Séances du Conseil de Charles VIII, 1484*. Coll. des doc. inédits, *passim*. — Baluze, *Miscellanea*, I, pp. 365 et 366.

2. Godefroy, *Histoire de Charles VIII*, pp. 80, 82. — Pélicier, *loc. cit.*, 164.

3. Pélicier, *loc. cit.*, p. 169. — Cf. Godefroy, *loc. cit.*, p. 70.

4. A. de Boislisle, *Etienne de Vesc*, Annuaire de la Société de l'hist. de France, 1873, p. 283.

5. L.-G. Pélicier, *Documents pour l'hist. de la domination fr. dans le Milanais*, 1891, in-8°, p. 35.

6. P. Lacroix, *Louis XII et Anne de Bretagne*, p. 547.

7. *Gallia Christiana*, t. II, p. 1411. — A.-D. de la Fontenelle de Vaudoré, *Histoire du monastère et des évêques de Luçon*, Fontenay-le-Comte et Paris, 1847, 2 vol. in-8°, t. I, p. 157 à 182. — L'abbé du Tressay, *Hist. des moines et des évêques de Luçon*. Paris, Lecoffre, 3 vol. in-8°, 1869, t. II, pp. 28, 40.

de Nicolas Bontaud arrivée le 27 décembre 1490, il
eut à lutter contre Mathurin de Dercé nommé par le
chapitre dès les premiers jours de 1491. De guerre
lasse, l'élu du chapitre consentit enfin à transiger ;
par acte du 19 novembre 1494, P. de Sacierges garda
le titre d'évêque et céda une partie des domaines de
l'évêché. Cet acte fut confirmé par le parlement de
Paris et finalement par la cour de Rome (kalendes de
février 1495). Le chapitre essaya malgré tout de résister encore, mais la résistance était dès lors impossible. C'est vers cette époque, c'est-à-dire entre la
nomination et le triomphe définitif, que fut exécutée
notre médaille. Pierre de Sacierges cumulait places
et bénéfices ; il fut à la fois maître des requêtes,
évêque de Luçon, sous-doyen de Saint-Hilaire-le-
Grand, chanoine de l'église cathédrale de Poitiers,
abbé de Notre-Dame-la-Grande, etc. Il acquit ainsi
une fortune énorme qu'il employa surtout en muni-
ficences et en constructions. Dans la seule ville de
Poitiers, il édifia l'hôtel du sous-doyen de Saint-
Hilaire, la maison abbatiale de Notre-Dame-la-Grande
et le collège de Géléasis. Benjamin Fillon signale[1]
« parmi les monuments céramiques les plus curieux
des débuts de la Renaissance que renferme le Poitou », le beau pavé de la chapelle du château de
Bourg-Archambaud, sur lequel figurent, entre autres
ornements, les armes de Pierre de Sacierges et sa
devise : *Domat omnia virtus*. Son goût pour les lettres
faisait rechercher ses suffrages et son patronage par
les humanistes, qui célébraient ses louanges, comme

1. *Poitou et Vendée*, à l'art. *Céramique poitevine*, p. 11.

Claude de Seyssel et Jean de Saint-Gelais ; ou bien
lui offraient leurs ouvrages, comme Pierre Jacques de
Vitry (probablement le Jacques de Vitry de la
médaille de Jéronyme Henry), qui lui dédia un poème
dans lequel il chante la délivrance de Poitiers en
1206[1].

XI et XII.

ROBERT BRIÇONNET
(Planche VIII, n°s 7 et 8.)

✠ ROB ▾ BRICONET ▾ PARLAMENTI ▾ INQVES-
TAR ▾ PRESID ▾, cordon autour de la légende. Buste
de Robert Briçonnet, à droite, costumé comme Pierre
de Sacierges, Pierre de Courthardi et Guillaume des
Perriers ; vêtu de la robe des magistrats, à col droit
et court ; coiffé d'un bonnet à pli vertical en relief,
avec deux dépressions horizontales et petit cordon
au sommet, couvrant la plus grande partie de
l'oreille et ne laissant apparaître que l'extrémité de
la chevelure.

℞. Dans le champ, inscription en cinq lignes :
MARCET | SINE | ADVERSARIO | VIR | TVS ; le
tout entouré d'un cordon en relief.

Cabinet de France, bronze ; diamètre, 60 millimètres.

▾ROB▾BRICONET ▾ AR ▾ DVX ▾ REMEN▾ PRI-
MVS ▾ PAR ▾ FRAN | CIE ✠. Buste de Robert Briçon-
net, à droite, en costume d'évêque, c'est-à-dire en

---

1. *Petri Jacobi Victriacensis, Campanie, de triumphatis... apud Pictones
Anglis.* Poitiers, sans date.

soutane et rochet; le front chauve, avec la large tonsure monacale entourée d'une étroite couronne de
cheveux couvrant la plus grande partie de l'oreille.
Ce costume est identique à celui de Nicolas Maugras
et à celui de Julien et de Clément de la Rovère.

Revers semblable au précédent.

Collection Valton, bronze; diamètre, 60 millimètres.

Cette seconde médaille est un peu plus grande
que la première, mais il ne s'agit que de quelques
fractions de millimètres.

Nous avons déjà parlé de ces deux pièces; il est
donc inutile d'insister. Il suffira d'indiquer ici les
principales étapes de la carrière de Briçonnet,
singulièrement brillante pendant les dernières années
de sa vie, au moment de la toute puissance de son
frère Guillaume. Voici le tableau sommaire de son
cursus honorum : conseiller au Parlement de Paris,
par lettres du 12 novembre 1481; président aux
enquêtes (?) et abbé de Saint-Vaast en 1488 ; nommé,
archevêque de Reims le 27 octobre 1493 et entré en
possession de son archevêché au mois de décembre
de la même année ; envoyé en ambassade auprès de
Maximilien, en 1494, et choisi comme arbitre entre
René, duc de Lorraine, et Robert de la Mark ; nommé
par lettres du 27 août 1494, président des comptes
en remplacement de Étienne de Vesc, démission-
naire ; créé garde des sceaux en novembre 1494, et
enfin chancelier de France le 30 août 1495. Étant
chancelier, Robert décida le roi à transformer le
Grand Conseil en cour souveraine, et il mourut peu
de temps après, à Moulins, le 3 juin 1497.

Nous avons établi que la seconde médaille est celle
pour laquelle Robert fit adresser ses remerciements
à Candida. Si l'on combine les dates ci-dessus avec
les indications que fournissent le style et la physionomie, on peut croire que ces deux pièces ont été exécutées à un très petit intervalle de temps l'une de
l'autre : la facture et les dimensions sont les mêmes,
la physionomie est à peu près la même. La première
a été modelée probablement en 1492 ou dans les premiers mois de l'année 1493, avant la nomination
de Robert à l'archevêché de Reims ; tandis que la
seconde est du commencement de 1494. Cette dernière a été sans doute exécutée immédiatement après
l'élévation de l'ami de Candida au trône archiépisco-
pal, et avant qu'il eût été nommé président aux
enquêtes et garde des sceaux ; en tout cas, sûrement, avant qu'il eût été appelé à la plus haute
dignité de la magistrature, à la charge de chancelier
de France.

Je ne sais si le lecteur a remarqué, sur la seconde
effigie de Briçonnet, cette grande tonsure que Armand
a prise pour une calotte ; ce n'est point là la tonsure
ordinaire du clergé séculier au xve siècle, mais celle
du clergé régulier. Personne toutefois n'a jamais
avancé que Robert eût été religieux, ainsi que semble
l'indiquer cette tonsure ; il y a pourtant peu de doute
à cet égard. L'adresse de la XXIe lettre du recueil de
Guillaume de la Mare nous paraît en effet fort pro-
bante : « Robert, etc., au provincial de notre ordre
de Saint-Dominique » ; d'ailleurs, dans le courant de
la lettre, Robert, parlant de saint Dominique, emploie

cette expression de filiale dévotion : « Beatissimus pater Dominicus. » Le chancelier de France, Robert Briçonnet, appartenait donc à la grande famille dominicaine.

XIII.

JULIEN ET CLÉMENT DE LA ROVÈRE
(Planche VII, n° 9.)

✠ IVLIANVS ✠ EPS ✠ OSTIEN ✠ CAR ✠ S ✠ P ✠ AD-VINCVLA ✠. Buste de Julien de la Rovère, à droite, en soutane et rochet, le crâne largement découvert par la grande tonsure monastique, entourée d'une couronne de cheveux drus et épais, qui cachent à moitié l'oreille et tombent sur le front.

℞. ✠ CLEMENS ✠ DE ✠ RV | VERE ◆ EPS ◆ MIMA-TEN. Buste de Clément de la Rovère, à droite, vêtu et costumé comme son frère Julien. La chevelure est très légèrement plus longue et le haut de l'oreille apparaît un peu entre les mèches. Pour la facture et pour le costume, ces deux bustes sont tout à fait semblables à celui de Robert Briçonnet, archevêque de Reims, et à celui de Nicolas Maugras ; le Julien de la Rovère se rapprochant toutefois davantage du Briçonnet pour ce qui est seulement de la coupe du buste, et le Clément étant plus semblable en cela à l'évêque d'Uzès.

Cabinet de France, bronze ; diamètre, 61 milli-mètres.

Van Miéris, *loc. cit.*, t. I, p. 157. — *Trésor de numismatique*, médailles italiennes, 1ʳᵉ partie, pl. XIII, n° 3[1]. — Köhler, *Histor. Müntz Belustigung*, t. XVI, p. 289, etc.

Si l'on place cette médaille à côté de la seconde de Robert Briçonnet, qui est, ne l'oublions pas, sûrement de la main de Candida, on est forcé d'avouer qu'il y a entre elles non seulement similitude, mais identité de faire, de dimensions, d'aspect. Si l'on compare ensuite les trois bustes entre eux, l'absolue ressemblance de costume et de pose ne sert qu'à mieux faire ressortir, par comparaison, cette frappante identité dans l'ensemble et dans les détails. Mais cette identité même dans la disposition du buste, du vêtement et de la coiffure des deux frères sert aussi, à l'inverse, à mettre en évidence les différences de physionomies : Julien, intelligent, décidé, tenace ; Clément, indolent et lourd.

Le portrait de Julien de la Rovère est particulièrement précieux, parce qu'il est le seul portrait de cet homme illustre dans son âge mûr, et qu'il appartient à l'époque où, rompant violemment avec le pape, le cardinal de Saint-Pierre-aux-Liens s'était jeté à corps perdu dans le parti français. On ne connaît que deux portraits de Jules II antérieurs à celui-ci : le premier se voit dans la fresque de Melozzo da Forli, exécutée de 1475 à 1476[2], où Julien n'a que trente ans ; le second est celui de la médaille de Sperandio[3], laquelle date, selon nous, de 1483 ou

1. La reproduction a été faite d'après un mauvais exemplaire ciselé, en argent, appartenant au Cabinet de France.

2. F.-A. Gruyer, *Raphaël peintre de portraits*. Paris, 1881, in-8°, t. I, p. 275-277.

3. *Trésor de numismatique*, Italie, 2ᵉ partie, pl. X, n° 1. — Armand, t. I, p. 71, n° 30.

de 1484 ; vient ensuite celui de Candida. Puis on ne trouve plus rien jusqu'après l'élection du 31 octobre 1503.

Notre médaille est postérieure d'une dizaine d'années environ à celle modelée par Sperandio, et antérieure d'un même laps de temps à la magnifique effigie de 1506, attribuée à Caradosso.

La plus simple de toutes est celle de Candida. Pas de subterfuges, pas de détails, pas d'ornements pour amuser l'œil ; toute l'attention est concentrée sur le profil, dont la ligne est ainsi particulièrement mise en valeur. Le front est droit, le regard haut et ferme, le nez fort ; la bouche est grande, avec des lèvres minces et serrées ; le menton est accentué, la joue sèche ; les maxillaires sont puissants. De cet ensemble se dégage une expression d'énergie concentrée et de décision : on se sent en face d'une volonté inflexible.

A côté, l'effigie modelée par Sperandio, qui pourtant savait faire énergique, paraît bien composée et modelée avec aisance, mais ronde et banale. Au contraire, le profil si nettement vu par notre artiste, et exprimé par lui avec une si grande fermeté d'accentuation, se retrouve exactement le même, comme caractère, dans la médaille de 1506 attribuée à Caradosso, car les changements opérés par le temps dans la figure de Jules II n'ont fait que rendre celle-ci plus saisissante. L'œil s'est enfoncé sous l'arcade sourcillière qui est devenue menaçante ; la graisse a alourdi la mâchoire, mais en lui donnant encore plus d'ampleur et en faisant paraître le nez plus court et plus fort ; aussi cette tête presque farouche, demienfoncée dans des vêtements pontificaux traités avec toute la finesse d'outil d'un orfèvre, émerge-t-elle de ces ciselures avec une merveilleuse puissance [1].

Notre portrait est donc l'unique portrait de la pleine maturité de Julien de la Rovère, celui de la période de fervente amitié pour la France [2]. Dès le règne de Louis XI, la confiance et la faveur témoignées par le roi au cardinal de Saint-Pierre-aux-Liens, les nombreux évêchés et bénéfices qui lui sont accordés en France l'enchaînent à la politique française. Il est évêque de Carpentras en 1471 ; en 1474, il est nommé à l'évêché d'Avignon érigé pour lui en archevêché, avec Carpentras, Cavaillon et Vaison comme suffragants ; il obtient, en 1476, le siège de Verdun et, en 1478, ceux de Vivier et de Mende, sans parler de sa légation d'Avignon, ainsi que des autres honneurs et des autres bénéfices ecclésiastiques. Vers cette époque, il est tellement considéré comme partisan de la France, qu'ayant été envoyé par le pape, en 1480, pour trancher un différent entre Louis XI et Maximilien, il est récusé par ce dernier.

---

1. Sur les portraits de Jules II, voir F.-A. Gruyer, *loc. cit.*, t. I, pp. 220-288.

2. Pour cette période, voir : Jules Dumesnil, *Hist. de Jules II*, Paris, 1873, in-8°, pp. 1-31. — Nouguier, *Hist. chronol. de l'église... d'Avignon*, 1660, Avignon, in-4°. — Reynard-Lespinasse, *Armorial hist. du dioc. et de l'Etat d'Avignon*, Paris, 1874, in-4°, pp. 66-67. — *Ordonnances*, t. XVIII, p. 196. — Kervyn de Lettenhove, *Lettres et négociat. de Commines*, p. 146. — de Mandrot, *Ymbert de Batarnay*, p. 88. — H.-F. Delaborde, *loc. cit.*, pp. 138, 142, 176, 316, 346-348, 507-508, 517, 521, 580, 611, 682, etc. — La Pilorgerie, *Campagnes et bulletins de la grande armée d'Italie*, 1866, in-12, pp. 18-20. — P. Lacroix, *Louis XII et Anne de Bretagne*, pp. 113-114, 127. — Godefroy, *Hist. de Charles VIII*, p. 178. — De Cherrier, *Hist. de Charles VIII*, 1868, t. II, p. 358. — *Recueil des traités*, t. III, 2° partie, p. 318. — E. Müntz, *Hist. de l'art...*, t. II, p. 458 ; *La Renaissance au temps de Charles VIII*, p. 504. — A. de Boislisle, *Et. de Vesc*, tirage à part, pp. 108, 129 ; et *Ann. de la Soc. de l'hist. de France*, 1880, pp. 245, 247. — Burchard, *Diarium*, éd. Thuasne, *passim*.

Pendant le pontificat d'Innocent VIII, Julien sut conserver les bonnes grâces qu'il s'était acquises sous le pontificat précédent, et habita surtout l'Italie. Mais dès l'élection d'Alexandre VI (11 août 1492), une hostilité plus ou moins sourde prit naissance entre le pape et Julien, et ce dernier se jeta de plus en plus dans le parti français, jusqu'au moment où la lutte éclata ouvertement. Alexandre VI, devenu l'allié d'Alphonse d'Aragon, s'apprêtait avec l'aide de ce dernier à faire assiéger Julien dans son évêché d'Ostie. Les troupes s'étaient mises en marche, quand Julien, averti secrètement, s'enfuit sous un déguisement (avril 1494). Ostie assiégée succombait le mois suivant[1], pendant que son évêque gagnait la France où l'attendaient les plus grands honneurs. C'était là un puissant renfort pour le parti de la guerre et surtout une arme formidable contre le pape, « grande bastone al papa. » Le 1er juin 1494, le cardinal de Saint-Pierre-aux-Liens fit une entrée solennelle à Lyon ; et depuis, il mit au service du parti de la guerre son indomptable énergie ; luttant sans cesse, avant, pendant et après l'expédition ; au milieu des armées, sur terre et sur mer[2], tout aussi bien que dans le conseil du roi[3]. Il est avec le roi de France dans toutes les entrées solennelles, depuis Vienne (23 août 1492) jusqu'à Naples, où il allait prendre sa

---

1. Le 18 septembre de la même année, les Colonna, ayant repris Ostie, y arboraient l'étendard du roi de France et celui de Julien de la Rovère en même temps que le leur.

2. Le 21 septembre 1494, Julien remplace à la tête de la flotte Louis d'Orléans malade.

3. « Ogni giorno stava in consultatione ». (A. de Boislisle. *E. de Vesc*, tirage à part, p. 108. — Cf. Godefroy, p. 178.)

part des dépouilles des Aragonais ; partout, jouissant
de l'humiliation de ses ennemis, le pape, Ludovic et
le roi de Naples. Aussi, quand Charles VIII entre à
Rome le 31 décembre 1494, précédé par Julien de la
Rovère, c'est aux cris répétés de *Francia! Colonna!
Vincula!* que le peuple l'accueille.

On prétend même qu'au retour de Naples, Julien,
toujours acharné, toujours indomptable, aurait voulu
faire passer les Français par Rome afin de faire révi-
ser l'élection d'Alexandre VI[1]. Enfin, en 1497, quand
tous les partisans de la France ont cédé, son frère,
Jean de la Rovère, le préfet de Rome, tient encore
opiniâtrement dans Sora, Arce et Isola[2], et quand
arrive la trêve acceptée par Charles VIII[3], Julien
pousse encore à la guerre à outrance et à la reprise
des hostilités. Il porte lui-même la guerre en Ligu-
rie ; à la tête de 200 lances et de 3.000 fantassins, il
enlève Vintimiglia, mais, ayant échoué devant
Savone, se voit forcé de rentrer en France. Il n'en
reste pas moins uni aux barons napolitains pour
pousser le roi à envahir de nouveau l'Italie.

Julien de la Rovère passa une partie des années
1496 et 1497 à Avignon et dans le Midi de la France ;
à ce moment-là, il avait pour ainsi dire tout à fait
brisé avec l'Italie, où il avait complètement inter-
rompu le cours de ses constructions[4]. A partir de
l'avènement de Louis XII, Julien paraît moins intran-

---

1. H.-F. Delaborde, *loc. cit.*, pp. 514, 516, 580. — A. de Boislisle, *E. de Vesc*,
tirage à part, p. 129.
2. H.-F. Delaborde, *loc. cit.*, p. 682.
3. H.-F. Delaborde, *loc cit.*, p. 683.
4. E.-Müntz, *Hist. de l'Art...*, t. II, pp. 407-408.

sigeant, il semble renouer avec l'Italie ; bien qu'il ne cesse d'être, jusqu'à la mort d'Alexandre VI, le tenant de la politique française, « le protecteur des affaires du roy et du royaume en cour de Rome[1] ». En 1498, il accompagnait d'ailleurs le roi à Lyon, et le 6 octobre 1499, il était à côté de lui à son entrée à Milan[2].

Ce fut certainement à ce moment d'alliance intime avec la France et les réfugiés napolitains (parmi lesquels était notre Candida) que fut modelée la médaille qui nous occupe.

Etant donnée sa ressemblance. déjà constatée plus haut, avec la seconde pièce de Briçonnet exécutée probablement en 1494, il faut faire dater le Julien de la Rovère de la période qui s'étend de 1494 à 1497. Nous serions presque porté à croire que la médaille du fugitif d'Ostie (le titre d'évêque d'Ostie est inscrit sur la pièce même) a été modelée dès l'arrivée de celui-ci en France, pendant la courte période préparatoire de l'Expédition, du 1er juin 1494 au départ de Vienne, 23 août de la même année.

De Clément de la Rovère, frère cadet de Jules II et surnommé le Gros, nous n'avons que peu de chose à dire[3]. Protecteur des arts comme tous les de la Rovère, il ne joua pourtant qu'un rôle assez effacé ; et la physionomie lourde, apathique, insignifiante qu'il a sur la médaille fait suffisamment deviner ce qu'il fut. En 1483, il succéda dans l'évêché de Mende à son frère Julien, qui avait été nommé à ce siège

1. Bibliothèque nationale, ms. fr. 2930, fol. 1 et 2.

2. Lacroix, *Louis XII et Anne de Bretagne*, pp. 114, 127.

3. *Gallia Christiana*. — Aubery, *Hist. générale des cardinaux*. Paris, 1642, 2 vol. in-4°. — Burchard, *Diarium*, édit. Thuasne, t. I, p. 176 ; t. II, pp. 26, 405 ; t. III, p. 92, etc.

en 1478. Clément fut créé cardinal le 25 novembre 1503 [1] et mourut le 18 octobre 1504.

Clément de la Rovère fut religieux profès de l'ordre de Saint-François, et c'est pour cela qu'il porte sur sa médaille la couronne de cheveux monastique. Quant à Julien de la Rovère, il a, lui aussi, la grande tonsure, et pourtant il ne fit jamais profession dans aucun ordre. Comment expliquer cette contradiction ? Voici l'explication qui paraît la plus plausible : Julien fut toujours très attaché à l'ordre de Saint-François, dont il fut le protecteur pendant trente-trois ans ; et s'il ne fit pas profession, c'est qu'il fut nommé cardinal par son oncle Sixte IV, au moment même où il faisait son noviciat au couvent de Pérouse ; en tout cas, resta-t-il toujours très dévoué aux religieux franciscains [2], dont il voulut conserver pendant un certain temps la coiffure et peut-être même l'habit.

XIV.

NERI CAPPONI

⏷ NERIVS ✿ CAPONVS/////FLOREN ⏷ GINI ✿ FILᵇ [3]. Buste nu de Neri Capponi, à droite, front chauve, cheveux longs tombant sur la nuque. Le tout encerclé d'un filet.

1. Burchard, *loc. cit.*, t. III, p. 309.
2. Antonio da Venezia, *Gloriose memorie delle vite, e fatti illustri delli sommi pontefici e cardinali assonti dal serafico ordine...* Trévise, 1703. Cf. Wadding, *Annales minorum seu historia trium ordinum a S. Francisco institutorum.*
3. Armand (t. III, p. 25, A.) lisait, à tort, FILI, au lieu de FILIVS,

℞. ▾ ISPERO ▾ IN DEO. L'Espérance debout, à gauche, vêtue d'une robe flottante, les mains jointes, les yeux levés vers un soleil rayonnant. Dans le champ, coupé en deux par le personnage : ▾ AN | XXII ▾ .

Bronze ; diamètre, 63 millimètres.

Armand, *Les médailleurs italiens,* t. III, p. 25, A. — A. Heiss, *Les médailleurs de la Renaissance,* Florence, Ire partie, 1891, pl. XI, p. 85.

Nous n'attribuons que sous toutes réserves à Jean de Candida cette médaille, qui a appartenu à M. Feuardent, mais que nous ne connaissons que par la phototypie d'Aloïss Heiss. En tout cas, ne s'agit-il ici que du droit ; car le revers est évidemment de la main du « médailleur à l'Espérance », et la médaille est sûrement hybride. En effet, il y a discordance absolue entre le droit et le revers. L'âge de XXII ans, indiqué sur le revers, jure avec la physionomie du personnage qui paraît être à peu près deux fois plus âgé ; la lettre est plus grande et plus lourde que celle du droit, le relief est plus ambitieux, la facture plus pâteuse, plus brutale. Pour ce qui est du droit, le modelé et le relief, la façon de traiter les cheveux, le style des lettres, les points séparatifs en forme de petits trèfles, le cercle qui entoure la légende différencient totalement cette œuvre des œuvres du « médailleur à l'Espérance », et la rapprochent au contraire des œuvres de Candida, des Briçonnet par exemple, et du Julien de la Rovère. Cette effigie doit donc être supprimée de la liste des œuvres du maître florentin.

Armand a considéré ce portrait comme une resti-

tution exécutée vers la fin du xvᵉ siècle, et le personnage serait, d'après lui, un certain Neri Capponi né
en 1388 et mort en 1457 ; mais il est inutile, croyons-
nous, de supposer une restitution. Les Capponi[1] sont
une ancienne et riche famille de marchands florentins, dont plusieurs membres étaient établis, dès la
fin du xiiiᵉ siècle, en France, où ils étaient appelés
« Les Chapons ». A la fin du xvᵉ siècle, ils avaient
à Lyon une importante maison de banque et de commerce, en rivalité journalière avec les agents des
Médicis. Dans cette famille, le prénom de Neri est
assez commun[2], et l'on comprend que Armand ait pu
se laisser induire en erreur ; cependant ce prénom
ne peut se rapporter, d'après nous, qu'à ce Neri
Capponi né en 1453 et mort en 1519, jurisconsulte
et banquier, adversaire de Pietro Soderini et partisan
des Médicis, mêlé depuis 1490 jusqu'à sa mort à
toutes les affaires de la république de Florence. Ce
personnage fut plusieurs fois envoyé comme ambassadeur auprès de Charles VIII dans le courant des
années 1494 et 1495, et concourut à la conclusion de
la Convention de Turin (26 août 1495). C'est probablement vers cette époque que fut modelée cette effigie.
Quelques années après, Neri Capponi fut chargé par
Louis XII de tout préparer pour la réunion du Concile
de Pise, ce qui le mit de nouveau en rapport avec les

1· Piton, *Les Lombards en France et à Paris*, Paris ¡1892, in-8°, 1ʳᵉ partie,
pp.137, 144, 149, 132-233. — Burchard, *Diarium*, t. II, 239. — Desjardins,
Négociat. diplom. de la France avec la Toscane, t. I, pp. 66, 205, 266, 291,
377, 628-632, 638-49, 679 ; t. II, 20 ; t. V, 91, 159, 160, 381. — Bibl. nat., ms.
fr. 2907, fol. 51.

2. En 1537, un Neri Capponi, banquier à Lyon, prête de l'argent à un
ambassadeur de François I. (*Catal des actes de François I*, t. III, n° 9396.)

Briçonnet, les Sacierges, et autres amis de Candida, partisans à ce moment de la lutte contre le pape.

XV.

NICOLAS MAUGRAS
(Planche IX.)

+ NICOLAVS ✚ MALEGRASSI ✚ EPS ✚ VCECIEN-SIS ; à la fin de la légende, une petite coquille rappelant celles de l'écusson du revers. Buste de Nicolas Maugras, à droite, vêtu de la soutane et du rochet. Le crâne est si largement mis à nu par la tonsure que Armand a cru que la tête était couverte d'une calotte ne laissant apparaître qu'une étroite couronne de cheveux.

℞. Coquille, IN ✚ VMBRA ✚ MANVS ✚ SVE ✚ PRO-TEXIT ✚ ME ✚ DNS. Ecu posé sur une crosse, chargé d'une ombre de soleil en cœur et de deux vannets (coquilles) en chef.

Cabinet de France, bronze ; diamètre, 80 millimètres 1/2.

Armand, *loc. cit.*, t. II, p. 86, n° 13. — *Trésor de num.*, Italie, 2ᵉ partie, pl. XXVIII, n° 4. — Vente J. de Vries, etc., Amsterdam, 1894, n° 8 et pl.

L'exemplaire du Cabinet de France, d'après lequel a été exécutée notre phototypie, est un bon surmoulé ancien, sûrement préférable à l'exemplaire en argent de la vente de Vries, bien qu'il ait un demi-millimètre de moins. Cette dernière pièce, en effet, a été ciselée, et les traces de la ciselure sont parti-

culièrement sensibles dans la bordure du rochet, qui
a été défigurée par l'orfèvre.

Aloïss Heiss n'a pas admis dans sa liste la pièce de
Nicolas Maugras ; il ne peut cependant pas y avoir
d'hésitation en ce qui la concerne. Pour le style et le
modelé de la figure et du revers, elle se rapproche
surtout du Guillaume des Perriers ; pour le costume,
elle est identique à la seconde médaille de Robert
Briçonnet et au Julien de la Rovère ; la légende
entoure complètement l'effigie comme dans le François I, la Marguerite d'Angoulême et d'autres encore ;
enfin, les points séparatifs sont ceux que nous avons
si souvent rencontrés. Le Maugras ne diffère des
autres pièces de Candida que par l'importance du
rebord qui est très élevé, et dont le fort relief a
exigé des lettres plus grandes que celles que l'on
rencontre sur les autres médailles.

Le peu que l'on sait de ce personnage, on le doit
à la *Gallia Christiana*[1]. Il fut conseiller du roi et
docteur en droit canon. Il appartenait au clergé régulier, et c'est ce qu'indique d'ailleurs sa large tonsure
monastique ; il fut même religieux profès, mais nous
ignorons dans quel ordre il fit profession. Elu par le
chapitre d'Uzès le 8 août 1483 et confirmé par l'archevêque de Narbonne le 2 octobre suivant, Nicolas
prit possession de son évêché ; mais il n'en resta pas
paisible possesseur, car la nomination de Jean de
Saint-Gelais au même évêché fit naître de graves
contestations qui n'étaient pas encore apaisées en

---

1. *Gallia Christiana*, t. VI, p. 643. — Cf. Gams, *Series episcoporum*, et le
Trésor numismatique, loc. cit.

1489. Maugras avait prêté serment à Charles VIII
pour le temporel de son évêché dès 1486, et il resta
évêque jusqu'à sa mort, qui arriva le 3 octobre 1503.
Notre médaille se place donc entre les deux dates
extrêmes de 1483 et de 1503, mais plus près de la
seconde.

XVI.

PIERRE BRIÇONNET
(Planche XIII, n° 15.)

▾ PETRVS ▾ BRICONNET ▾ MILES ▾ FRANCIE
GENERALIS. Buste de Pierre Briçonnet, à droite ;
coiffé d'un bonnet ou béret plissé verticalement, et
dont la partie inférieure se relève en un large replis
droit contournant la tête, sauf sur le devant ;
les cheveux longs couvrant l'oreille, les favoris descendant presque à hauteur de la bouche ; vêtu d'une
robe plissée et sans collet, laissant apparaître le collet du vêtement de dessous. Au dessous de la tranche
du buste : MCCCCCIII ▾.

Revers lisse et limé.

Cabinet de France, bronze ; diamètre, 61 millimètres. Cet exemplaire est ancien, mais défectueux [1].
Son diamètre serait le même que celui du Thomas
Bohier, si la tranche n'avait été limée de façon à faire
disparaître le cordon entourant la légende, cordon qui
se voyait sur l'exemplaire en plomb publié par Charvet [2], de même qu'il se retrouve sur la médaille de

1. *Trésor de num.*, méd. fr., 1re partie, pl. XLII, n° 3.
2. *Revue de la num. belge*, 1864, pl. V, pp. 105 et 106.

Thomas Bohier, dont celle de Pierre Briçonnet rappelle absolument la disposition, le style, la lettre, le costume.

D'ailleurs, si on en juge par l'exemplaire de Charvet, la médaille originale portait au revers un écu armorié[1] qui la rapproche complètement du Thomas Bohier, dont le revers est aussi orné d'un écusson armorié.

Bien que l'exemplaire du Cabinet de France soit défectueux, nous avons tenu à le faire reproduire, car il est sûrement ancien, tandis que la médaille publiée par Aloïss Heiss[2], beaucoup mieux conservée que la nôtre, il est vrai, n'est qu'une restitution du xviie siècle.

Pierre Briçonnet, seigneur de Praville, frère cadet de Robert, épousa Anne de Compaing dont il eut deux fils et cinq filles. Dans sa vie privée, vrai Mécène, comme tous les Briçonnet, ce personnage joua un rôle assez important dans l'Etat. Voici les principaux traits de sa biographie ; ils se trouvaient épars de tous les côtés[3]. Pierre Briçonnet avait dans sa jeunesse, au dire de Bretonneau, équipé

1. Ecu à la bande componée de cinq pièces la première chargée d'une étoile à six raies, accompagnée en chef d'une autre étoile, et en pointe, d'un croissant.

2. A. Heiss,, *Rev. num.*, 1890, pl. XV, n° 2, et pp. 460-461. — Cf. Armand, *loc. cit.*, t. II, p. 143, n° 18. — *Trésor de num.*, méd. fr., 1re partie, pl. XLII, n° 4.

3. Godefroy, *Hist du roy Charles VIII*, pp. 638-639. — Bretonneau, *Hist. généal.*, pp. 45 à 50, et p. 292. — *Ordonnances*, t. XIX, p. 127 et t. XXI, pp. 121, 255. — G. Jacqueton, *Doc. relatifs à l'adm. fin.*, Paris, 1891, in-8°, pp. 102-112, 291-292. — Archives nat., *Comptes de l'arg.*, KK 70, 71 et 72. — H.-F. Delaborde, *L'expédition de Charles VIII en Italie*, p. 569. — A. de Boislisle, *Et. de Vesc, Ann. de la Soc. de l'hist. de Fr.*, 1880, pp. 226-228, 243, 292 ; id., tirage à part, pp. 109, 133, etc.

quelques bateaux, fait des prouesses contre les
ennemis de la foi, et mérité ainsi de commander à six
galères en qualité de général. En 1483, nous le trouvons notaire au parlement de Paris ; de 1487 à 1492,
argentier, notaire et secrétaire du roi. Le 15 décembre
1493, il est nommé général des finances des pro-
vinces de Languedoc, Dauphiné, Provence et Rous-
sillon, en remplacement de son frère Guillaume
obligé de démissionner par suite de sa nomination à
l'évêché de Saint-Malo. En 1494, il est envoyé comme
ambassadeur en Italie, et l'année suivante, prend une
grande part à l'organisation et à l'exécution de l'Entreprise de Charles VIII. C'est ainsi, par exemple,
qu'en mars 1495, on le voit chargé de préparer une
flotte à Gênes. Charles VIII, vainqueur, le récom-
pensa de son activité par le don des comtés de Martina et de Francavilla et par celui d'une grosse
galéasse. Le 16 mars de la même année, Pierre est
nommé général de Languedoil. En 1498, il reçoit
des lettres confirmatives de sa noblesse, et vers
1500, est nommé chevalier de Saint-Michel, titre que
rappelle le mot « miles » de la légende de notre
médaille. On sait qu'il partagea les goûts artistiques
de ses frères et de ses parents ; il partagea également
ment leur amour pour la littérature ; aussi voit-on
des humanistes lui dédier des œuvres et l'un d'eux
le qualifier d' « eques auratus », mot qui n'est que
la traduction pompeuse du titre, déjà signalé, de
chevalier de l'Ordre du roi. Pierre Briçonnet mourut
en 1509 à Orléans, où lui fut élevé un magnifique
tombeau, détruit par les protestants, et dont il ne

restait déjà plus au xvıı[e] siècle « que la table de marbre noir sur laquelle était posé le relief de ce seigneur. »

La médaille de Pierre Briçonnet doit rester toujours groupée avec celle de Thomas Bohier, qui va suivre ; ces deux pièces étant aussi inséparables que le François I et la Louise de Savoie. Tout, en effet, est identique en elles : la date de fabrication (1503), la disposition générale de l'effigie et de la légende, le costume[1], la coiffure, la lettre ; tout absolument, jusqu'à la facture des petits détails, comparez, par exemple, l'enchassement et l'expression de l'œil des deux effigies. Or, quand on songe que ces deux personnages sont, l'un le propre frère de Robert et de Guillaume Briçonnet, les amis de Candida ; l'autre le gendre de ce même Guillaume, et par suite le neveu de Robert ; quand on réfléchit en même temps à la pénurie absolue de médailleurs en France à cette époque, et que l'on compare soigneusement, après cela, nos deux médailles avec celles de Robert Briçonnet, qui sont le *criterium* pour les œuvres de la dernière manière de Candida, on trouve de telles ressemblances que la conclusion s'impose : toutes ces pièces sont sûrement de la même main.

XVI.

THOMAS BOHIER
(Planche XII, n° 13.)

~ THOMAS ~ BOHIER ~ GENERAL ~ DE ~ NOR

---

1. Une légère différence est à signaler dans le costume, la robe du Thomas Bohier a un petit revers.

MANDIE; cordon autour de la légende. Dans le champ, buste de Thomas Bohier, à droite ; cheveux mi-longs, favoris descendant un peu au dessous de l'oreille qui est complètement dégagée, sauf l'extrémité supérieure cachée sous un bonnet ou béret semblable à celui de Pierre Briçonnet. Il est vêtu d'une robe à nombreux plis verticaux et à petits revers, ouverte en pointe sur la poitrine et laissant apparaître le col du vêtement de dessous. Sous le buste, MCCCCCIII [1].

℞. ⬪ SIL ⬪ | ⬪ VIENT ⬪ | ⬪ APOINT ⬪ ; cordon autour. Dans le champ, écu aux armes de Thomas Bohier.

Cabinet de France, bronze ; diamètre, 65 millimètres 1/2.

Trésor de numismatique, médailles françaises, 1re partie, pl. XLII, 2. — Armand, t. II, p. 42, n° 17.

Nous venons de faire ressortir la complète similitude qui existe entre cette médaille et celle de Pierre Briçonnet ; nous tenons à faire remarquer immédiatement que, pour le costume, la tranche du buste, la facture, les dimensions, la patine même, elle est semblable aussi à celle de François I et à celle de Louise de Savoie et de Marguerite d'Angoulême. N. Natalis Rondot avait d'ailleurs déjà rapproché [2], mais timidement, le Thomas Bohier des deux médailles des Valois-Angoulême, et il attribuait ces trois pièces à une main française.

Thomas Bohier [3] fut un officier supérieur des

<hr>

1. A. Heiss, *Rev. num*, 1890, p. 477, donne par distraction à cette médaille la date de 1502.

2. N. Rondot, *Jacques Gauvain*, in-8°, 1887, p. 60.

3. Bretonneau, *Hist. gén. de la maison des Briçonnets*, pp. 37-39, 295, etc. —

finances, actif et intègre, qui trouva le moyen de se
maintenir en faveur sous quatre rois ; sa parenté très
proche avec Guillaume Briçonnet et le chancelier
Guillaume Duprat, sans parler de tant d'autres
grands personnages de sa famille, ne fut probablement pas sans avoir quelque influence à ce point de
vue. Il eut auprès de ses contemporains la réputation d'être « fort honnête et homme de bien » ; auprès
de la postérité, il a la gloire, homme de finances,
d'être mort pauvre, et surtout celle d'avoir construit
l'une des premières et des plus charmantes demeures
seigneuriales que la Renaissance ait semées sur les
bords de la Loire. A Chenonceau, il doit sa célébrité ;
de même qu'il dut, à ses fréquents voyages et à ses
longs séjours en Italie, un peu de son amour délicat
et passionné des belles choses.

On sait qu'il naquit à Issoire d'une familles enrichie
par le commerce et qu'il était fils d'Austremoine
Bohier, bourgeois d'Issoire, et de Béraude Duprat,
tante du chancelier. Au mois d'août 1483, en com-
pagnie de huit ou dix serviteurs intimes du roi,
parmi lesquels Etienne de Vesc, il se montre assidu
au chevet de Louis XI mourant. En 1490, il est
notaire et secrétaire du roi ; et à ce titre, il contresi-

Godefroy, *loc. cit.*, p. 609. — A. de Boislisle, *E. de Vesc. Ann. de la Soc. de
l'hist. de France*, 1878, p. 272. — G. Jacqueton, *L'administration financière
en France*, pp. 37, 293. — Archives nationales, K K 76. — *Revue numismatique*,
1848, pp. 214, 215. — A. de Montaiglon, *Gaz. des Beaux-Arts*, 2ᵉ période,
t. XIII, 1876, pp. 554-555. — P. Lacroix, *Louis XII et Anne de Bretagne*, p. 585.
— L'abbé Chevalier, *Pièces hist. relatives à la Chastellenie de Chenonceau...*
Paris, 1864, in-8° ; du même auteur, *Le château de Chenonceau*, Tours,
1782, in-8°, pp. 23 et sq. — R. de Maulde, *Louise de Savoie et François I*,
Paris, 1895, in-8°, pp. 343, 357, 361. — *Ordonnances des rois de France*, t. XX,
347 ; t. XXI, p. 546, etc.

gnait les instructions données, le 16 septembre 1491,
à l'ambassade dont faisait partie Jean de Candida.
Nommé receveur général de Bretagne au mois d'octobre 1491, il devient général de Normandie en 1494.
Il est est maire de Tours en 1497. En février 1513,
il achète la terre de Chenonceau, et probablement y
fait commencer aussitôt les constructions, dont le
gros œuvre fut terminé en 1517. La même année, il
partait, comme payeur des troupes, pour cette Italie
qu'il connaissait déjà depuis longtemps, dont il
aimait les arts et où il devait mourir ; et le 6 juin
1513, il était assez heureux pour sauver la caisse de
l'armée à la bataille de Novare. Mais Thomas Bohier
n'était pas employé seulement dans les affaires
d'Italie ; le 7 août 1514, il est l'un des trois négocia-
teurs et signataires du traité conclu avec l'Angleterre,
envers laquelle il s'engagea au nom du roi le
13 novembre 1520. Le 27 janvier 1515, il assiste
comme chambellan au sacre de François I, et la
même année, il quitte la France pour aller administrer
les revenus du Milanais. En 1521, il va en Italie pour
la cinquième fois, comme trésorier des guerres, et
après le désastre de la Bicoque, recrute un semblant
d'armée dont il est nommé lieutenant général. Il
mourut le 24 mars 1524 au camp de Vigelli, dans le
Milanais. Deux ans après, le 3 novembre 1526, décé-
dait sa femme Catherine Briçonnet, de laquelle il
avait eu neuf enfants, qui furent eux aussi des amateurs éclairés. Catherine Briçonnet fut enterrée à
côté de son mari à Saint-Saturnin-de-Tours, dans la
magnifique chapelle que les Briçonnet s'étaient plu à
enrichir.

XIX.

FRANÇOIS I
(Planche XIII, n° 14.)

⏴ FRANÇOIS ⏴ DVC ⏴ DE ⏴ VALOIS ⏴ COMTE ⏴ DANGOLESME ⏴ AV ⏴ X ⏴ AN ⏴ D ⏴ S ⏴ EA. ; cordon autour de la légende. Buste de François d'Angoulême, à droite, costumé comme Thomas Bohier ; les cheveux longs cachant l'oreille et couvrant la nuque ; le béret retroussé tout autour de la tête et orné, sur le devant, d'une enseigne ; la robe à revers s'ouvrant en pointe sur la poitrine, et les revers se continuant en un large col qui tombe sur le dos.

℞. ⏴ NOTRISCO · ALBVONO ⏴ STINGO ⏴ EL REO▲ ; cordon autour de la légende. Salamandre, à droite, au milieu des flammes, retournant la tête à gauche et regardant le ciel ; l'extrémité de la queue repliée sur elle-même enforme de 8.

Collection Valton, bronze ; diamètre, 67 millimètres.

Van Mieris, *loc. cit.*, t. I, p. 378. — Montfaucon (B. de), *Les monuments de la monarchie fr.*, CCXXVIII, n° 2. — Koehler, *loc. cit.*, t. I, p. 145. — Armand, t. II, p. 187, n° 1. — *Trésor de numismatique*, méd. françaises, 1re partie, pl. VI, n° 4. — De Maulde, *Louise de Savoie et François I*, Paris, 1895, in-8°, p. 150.

Nous venons de dire que le costume de François d'Angoulême ressemble à celui de Thomas Bohier.

Il faut ajouter que les médailles de ces deux personnages ont été exécutées à un an d'intervalle, et qu'elles ont entre elles et avec le Pierre Briçonnet de telles ressemblances d'aspect général, de modelé, de dimensions, de fonte et même de détails, qu'il est impossible de n'y pas reconnaître la même main; de même qu'il est impossible de séparer ces trois pièces de celles de Robert Briçonnet.

Dans son excellente étude sur Louise de Savoie et François I, publiée depuis notre premier article, M. de Maulde a établi avec une surabondance de preuves qui nous aurait dispensé d'insister, l'influence de la littérature italienne et des italiens à la Cour d'Angoulême [1]. Il a montré en outre que la maladie de Louis XII (février 1504) et le procès du maréchal de Gié avaient mis très en évidence le duc de Valois. Malgré les résistances et les machinations d'Anne de Bretagne, le roi tenait, par amour de la France, à marier sa fille avec le jeune François. M. de Maulde a même découvert que dès le 30 avril 1500, Louis XII, « d'avance, déclarait nul tout pacte matrimonial de sa fille avec un autre que le duc de Valois » ; enfin, le 20 février 1504, le roi avait signé une confirmation formelle de la déclaration secrète de 1500 [2]. Ces faits montrent mieux que tout la place que ce jeune prince tenait dans l'esprit du roi, aussi bien que dans le cœur des Français.

Sur sa médaille, François porte le titre de comte

---

1. R. de Maulde la Clavière, *Louise de Savoie et François I*, Paris 1895, in-8°, p. 238 et *passim*.

2. R. de Maulde, pp. 135, 158, 218, etc.

d'Angoulême, qu'il tenait de son père, et celui de
duc de Valois, que lui avait concédé Louis XII par
lettres patentes du mois de février 1498.

La légende de cette pièce doit se compléter ainsi :
« François, duc de Valois, comte d'Angolesme, au
dixième an de son eage. » La forme habituelle de ce
dernier mot, au xvi° siècle, est aage, mais on rencontre
quelquefois la forme eage ; par exemple, dans l'acte
d'inhumation d'une fille d'Ambroise Paré, morte en
1582 « eagée de troys ans[1] ».

Mais quelle est l'origine de cette fameuse salamandre, qui apparaît pour la première fois au revers
de notre médaille ? Les uns[2], suivant en cela Paradin,
disent que François tenait ce symbole de son père
Charles d'Angoulême, pour qui aurait été exécutée
une médaille sur laquelle la salamandre était repré-
entée entourée de la légende italienne : « Nutrisco il
buono e spingo il reo. » Cette pièce n'existe pas ; la
mémoire de Paradin a été en défaut et lui a simplement fait attribuer au père la médaille du fils[3].

---

1. Bordier, *Rectificat. à l'errata publié par Jal...* (Ext. du *Bull. de la Soc.
du protestantisme français*), p. 8. — Cf. Le Roux de Lincy et Anatole de Montaiglon, *Glossaire de l'Heptameron*, au mot *aage*.

2. Vulson de la Colombière, *La science héroïque*, Paris, 1644, in-fol., p. 352.
— Koehler, *loc. cit.*, t. I, p. 151. — *L'art de vérifier les dates*, édit. Saint-Allais,
2° partie, t. VI, p. 157. — R. de Maulde, *loc. cit.*, p. 33, d'après le P. Hilarion
de Coste, *Eloges et vies*, pp .11, 67.

3. Paradin n'est pas le seul qui ait erré sur ce point. Lemaire de Belges,
en tête du III° livre des *Illustrations*, s'est trompé plus gravement encore en
donnant la salamandre pour emblème à Louis XII (R. de Maulde, *loc. cit.*,
p. 275) ; et il en est même qui l'ont attribué au prédécesseur de ce dernier ;
une tapisserie du commencement du xvi° siècle, appartenant à M. Selucker,
représente sous le cheval de Charles VIII une salamandre au naturel, con-
tournée, avec la légende un peu modifiée : VIVIFICO EXTINGO. (H.-F. Delaborde, *loc. cit.*, p. 605.)

D'autres, tels que Jacques de Bie, Mézeray, Benjamin Fillon[1], etc., attribuent l'invention de cette devise à Artus Gozffier, seigneur de Boisy. Mais il suffit de rappeler, ce que nous avons déjà indiqué, que Boisy n'a été nommé gouverneur de François de Valois qu'après la condamnation du maréchal de Gié, laquelle fut prononcée seulement le 9 février 1506, et que notre médaille existait alors depuis deux ans.

D'autres enfin[2] font l'honneur de ce choix à François lui-même. Remarquons seulement que ce prince n'avait alors que dix ans et ne parlait probablement pas italien, son instruction ne venant, à ce moment-là, qu'après les exercices physiques[3]. Il est infiniment plus probable que l'inventeur fut tout simplement l'humaniste italien auteur de la médaille. Il adressait ainsi un éloge au jeune prince, et lui donnait en même temps un conseil de morale, en lui enseignant de soutenir les bons et d'anéantir les méchants : promouvoir le bien et supprimer le mal, voilà quel devra être son but. Ici, François n'est pas la salamandre, comme on l'a toujours cru ; il est la flamme ardente qui nourrit la salamandre, c'est-à-dire les bons, les purs, et qui dévore tous les autres. En effet, le verbe italien *nutrire* et sa forme commune *nutriscere, notriscere*, signifie nourrir et non passe nourrir ; d'ailleurs, jamais les légendes n'ont dit que la salamandre nourissait le feu ; c'était déjà assez

---

1. *Loc. cit.*, p. 153. — Mézeray.

2. P. Jove, *Le Imprese*, Lyon, 1575, pp. 28-29. — Le P. Bouhours, cité par Chassant et Tausin, *Dictionnaire des devises*, t. I, devise NVTRISCO ET EXTINGVO.

3. R. de Maulde, *loc. cit.*, p. 150

pour elle de pouvoir à la fois s'en nourrir et
l'éteindre.

Nous disons que Candida est l'inventeur de la
devise de François I, figure et paroles ; voici dans
quel sens. Nous ne prétendons pas qu'il ait mis en
honneur la salamandre. Cet animal symbolique était
déjà célèbre au moyen-âge, à cause de l'étonnant
pouvoir qu'on lui attribuait, d'après Pline et Isidore
de Séville, de vivre dans le feu et même de l'éteindre
par sa froideur. On prétendit ensuite qu'elle pouvait
s'en nourrir. Brunetto Latini[1] répète ces inventions ;
mais, enchérissant encore, on alla jusqu'à dire qu'avec
le poil de la salamandre on faisait des étoffes incom-
bustibles[2]. S'appuyant sur ces étonnantes qualités,
les moralistes considérèrent parfois cet animal comme
l'emblème du juste[3] et parfois comme un symbole
de pureté[4], ou de miséricorde et de justice[5]. Candida
a pris tels quels fable, préjugés, symbolisme, et a
composé, dans sa langue maternelle, cette légende,
qui fut réduite plus tard aux seuls mots : *nutrisco
extinguo*. Ces deux mots ayant un sens plus général,
et partant, plus mystérieux, prêtaient mieux aux
amphibologies et aux interprétations variées, et ils
furent souvent défigurés au point de n'être ni latins,
ni italiens ; ils reçurent alors diverses interprétations qui n'ont rien de commun avec le sens primitif
de la légende de notre médaille.

1. Edit. Chabaille, p. 195.
2. *Notices des mss. de la Bibl. du roi*, t. V, p. 263.
3. Cahier, *Les caract. des saints*, t. II, p. 737.
4. Duchalais, *Bibl. de l'Ecole des Chartes*, 2ᵉ série, t. V, 1848-1849, p. 31.
5. Paradisi, *Trattato delle armi gentilizie*, p. 494.

En ce qui concerne le type, pas d'hésitation ; c'est
bien Candida qui a créé cette fantaisiste salamandre
qui tient beaucoup plus du quadrupède que du rep-
tile. Elle n'a rien de commun, en effet, avec cette
sorte de petit lézard qu'est en réalité la salamandre,
que l'on trouve représenté sur les manuscrits du
moyen-âge et qui se voit aussi sur les monnaies de
Frédéric II de Gonzague, avec la légende : QVOD
HVIC DEEST ME TORQVET. On peut se demander
si Candida ne s'est pas inspiré pour cette création
des lévriers qui figurent si souvent, au xve et au xvi^e
siècle, sur les pierres tombales françaises, la tête
retournée et les yeux en haut, couchés sous les pieds
de leur maître [1].

La salamandre a pu être choisie comme devise,
avant François I, par tel ou tel personnage ; mais ce
n'a été que d'une façon transitoire. Pour ce qui est de
François I, elle lui est devenue tellement propre [2],
qu'elle a pu servir à le désigner avec autant de net-
teté que l'aigle à deux têtes désignait l'Allemagne ; la
guivre, les Sforza ; l'ours, les Cantons suisses ; et
plus tard, le soleil, Louis XIV. On peut donc dire
que, pour le choix de la sentence et du type tout aussi
bien que pour la réalisation artistique de ce dernier,
Candida a eu un succès aussi complet qu'il pouvait
le désirer.

---

1. Voir, par exemple, dans Guilhermy, *Les inscriptions de France*, t. I,
pl. II et p. 82, et t. III, p. 407.

2. On lisait ce distique sur une tapisserie :

> Ursus atrox, aquilæ truces et tortilis anguis
> Cesserunt flammæ, salamandra tuæ.

(Koehler, loc. cit.)

XX.

LOUISE DE SAVOIE ET MARGUERITE D'ANGOULÊME
(Planche XIII, n° 16.)

▾ LOYSE ▾ DVCHESSE ▾ DE VALOIS ▾ COM-
TESSE ▾ DANGOLESME ; filet autour de la légende.
Buste de Louise de Savoie, à droite, en costume de
veuve, coiffée d'un ample chaperon couvrant une partie du visage et tombant sur les épaules, avec un pan
plus long sur le dos. Les cheveux et le front sont
cachés par un bandeau qui descend jusqu'aux sour-
cils [1].

℞. ▾ MARGUERITE ▾ FILLE ▾ DE ▾ CHARLES
▾COMTE ▾ DANGOLESME ; filet autour de légende.
Buste de Marguerite d'Angoulême, à droite, la tête
couverte d'une coiffe à templette dégageant le front
et les cheveux, et par dessus d'un petit chaperon
dont le pan de derrière, long et plissé, ressemble
à un voile. Elle est vêtue d'une robe à corsage
plat, taillé carrément, très ouvert à l'encolure,
laissant voir la gorgerette et le tour de la pièce [2].

Collection Valton, bronze ; diamètre, 66 millimètres.

B. de Montfaucon, *Les monuments de la mon. fr.*,
pl. CCXXVIII, n° 1. — Heraeus, *Bildnisse*, etc.,
pl. LIX, 3. — *Trésor de num.*, méd. françaises, 1ʳᵉ
partie, pl. VII, n° 3. — Armand, t. II, p. 141, n° 13.
Vente Badeigts de Laborde, 18 janvier 1869. — *Magasin pittoresque*, t. VI, p. 273.

---

1. Comparez cette effigie avec le portrait de la collection Gaignières (t. VII,
fol. 59), publié par P. Lacroix, dans son *Louis XII et Anne de Bretagne.*
2. Quicherat, *Hist. du costume,*1ᵉ édit., pp. 336 et 337.

Le Cabinet de France possède plusieurs exemplaires de cette pièce, tous revus, corrigés et considérablement défigurés par le ciseleur ; ce dernier, par exemple, en supprimant le grand bandeau qui cache les cheveux de Louise de Savoie, a donné à cette dernière la désagréable apparence d'une femme chauve. L'exemplaire de la collection Valton est flou et d'une fonte défectueuse ; mais il a au moins l'avantage de ne pas être retouché. Le plus bel exemplaire que je connaisse, et à vrai dire le seul bon, est celui de la collection Carrand, au Musée national de Florence ; il mesure près de 68 millim. de diamètre. Les moulages que M. Umberto Rossi a bien voulu nous faire envoyer nous sont parvenus assez tôt pour être reproduits dans notre tirage à part. Que le savant conservateur du Musée national reçoive tous nos remerciements.

Candida a su donner ici aux deux effigies de la mère et de la fille, une expression de jeunesse, j'allais dire de fraîcheur, que l'on rencontre rarement sur les médailles.

Ainsi que je l'ai déjà dit, cette médaille est le pendant exact, comme style et comme dimension, de celle de François ; à ce point identique, qu'il est à croire qu'elle a été exécutée à la même époque ou peu de temps après.

On pourrait relever plus d'une analogie dans les traits de ces trois personnages. François ressemble plus à sa mère ; il a le nez long et fort comme elle, il n'a pas encore le nez tombant de sa sœur, à laquelle il ressemblera plus tard. Marguerite, encore enfant pour ainsi dire, a les traits plus caractérisés que sa mère, le nez plus grand, le menton plus pointu, la bouche plus large. Candida a résolu, avec une dextérité merveilleuse, le problème de conserver toute la fleur de la jeunesse à cette figure si accentuée. Il y a dans cette effigie, comme d'ailleurs dans celle de la mère, une exquise souplesse de modelé et une finesse charmante, malgré cette accentuation de traits peu ordinaire dans un si jeune âge. Mais au point de vue physique, comme au point de vue intellectuel et au point de vue moral, Marguerite d'Angoulême était une jeune fille précoce; dès l'âge de dix ans, elle était, dit-on, amoureuse de Gaston de Foix, et en 1505, sa mère était disposée à la marier à ce vieux décrépit de Henri VII, dont elle se gardait bien de vouloir pour elle-même; à quinze ans, Marguerite avait déjà la réputation d'une femme d'esprit[1]. Inutile d'insister encore sur la valeur artistique de ces trois portraits, elle saute suffisamment aux yeux.

Pourquoi Jean de Candida a-t-il donné à Louise de Savoie, sur sa médaille, le titre de duchesse de Valois, qu'elle n'avait sûrement pas à cette époque ? C'est assez inexplicable. Il faut admettre ou que Candida s'est trompé en supposant que la mère d'un duc de Valois devait être duchesse de Valois ; ou qu'il a voulu attribuer à Louise, par pure flatterie, un titre auquel elle n'avait aucun droit ; de même qu'il la flattait évidemment en lui prêtant le charme et la grâce d'une jeune fille.

---

1. R. de Maulde, *Louise de Savoie et François I*, pp. 202 à 209.

III

Dans le premier chapitre de cette étude, nous avons esquissé la biographie de Candida; dans le deuxième, nous avons décrit chacune des pièces que nous proposons d'attribuer à cet artiste en donnant pour chacune d'elles les motifs d'attribution. Il nous reste à faire un travail d'élimination peut-être plus délicat encore, mais indispensable; ce sera la contre-partie de notre chapitre II.

Il est, en effet, nécessaire de rejeter une fois pour toutes une foule de pièces dont on avait encombré l'œuvre du maître. Il ne faut évidemment rien négliger dans l'œuvre d'un artiste, mais il importe encore plus de ne rien lui attribuer qu'avec réserve et de repousser résolument tout ce qui ne lui appartient pas.

Oublier, méconnaître ou éliminer une ou plusieurs médailles est relativement un fait peu grave. Les fausses attributions ont des conséquences autre-ment néfastes. Une seule erreur en engendre une foule d'autres, et, une fois qu'elles se sont implan-tées dans les esprits, il devient impossible de rien établir de durable; maîtres et écoles, essais de clas-sification, tout est confondu, le trouble est partout; on doute des résultats acquis, et la porte reste ouverte à des erreurs sans fin, jusqu'au moment où tout, vrai et faux, est entraîné pêle-mêle dans une même ruine.

C'est pour éviter ce danger que nous avons pris un soin particulier à vérifier attentivement toutes les attributions dejà faites et à rejeter toutes les pièces faussement mises au compte de Jean de Candida. Le mal serait d'autant plus grand ici que le maître a été plus haut placé et a eu plus d'influence sur les diverses écoles qui l'entouraient.

Revoyons encore une fois nos planches, considérons surtout les médailles-types, dont l'attribution est indiscutable, et pénétrons-nous bien du style de Candida. L'œil une fois fait, la tâche sera facile ; les fausses assertions tomberont pour ainsi dire d'elles-mêmes. Dégageons donc les caractéristiques de ce style.

Dans l'œuvre de Candida, il convient, nous l'avons déjà dit, de distinguer deux manières. La première, dans laquelle il se rapproche, bien que restant toujours original, de Lysippe et des maîtres de l'école mantouane. Les médailles sont petites et ont peu d'épaisseur, le modelé est peu ressenti, les lettres sont plus allongées, les deux points séparatifs plus fréquents ; il y a là en quelque sorte plus de légèreté, plus de jeunesse, plus de charme.

Dans la seconde manière, Candida se rapproche un peu de Niccolò Fiorentino et autres artistes de l'école florentine contemporaine. Les médailles sont plus grandes et plus épaisses ; dans les légendes, les mots, généralement séparés par de petits ornements triangulaires, se composent de lettres plus carrées ; le style en est peut-être plus gras, plus large d'effet et plus décoratif que dans la première période ; l'en-

semble paraît plus massif, plus puissant, plus majestueux.

La fonte de toutes les médailles de Candida est
fine et soignée, beaucoup plus fine en tout cas que
celle des pièces de Laurana et de Pietro da Milano.
Le caractère saillant de l'œuvre de notre artiste est
un naturalisme aimable, allié à un vrai sentiment de
la vie et à une simplicité savante, qui proscrit l'inutile et transforme en ornements les plus petits détails;
ainsi, les légendes, toujours sobres et soignées,
deviendront pour la médaille un élément de décoration et de richesse. Tout va droit au but. Avec
une singulière habileté, l'attention est concentrée
sur la silhouette au moyen d'une simplification
systématique du modelé, de la stylisation voulue des
accessoires. Les bustes sont bien en cadre et fran-
chement de profil; mais les premiers plans, l'oreille,
par exemple, et la coiffure sont relativement peu
indiqués, afin de mettre en pleine valeur le profil du
visage qui est très en relief, et l'œil qui est particulièrement soigné, ainsi que la bouche.

En même temps que Candida est médailleur, il
est sculpteur et on le sent bien; dans le modelé et la
détermination des plans, il y a une décision qui
accuse un maître absolument sûr de ses procédés.

C'est à ce maître que s'applique tout ce que l'on a
dit du « sentiment délicat des médailleurs français »
de la fin du xv⁰ et du commencement du xvɪᵉ siècle,
et de leurs médailles « qui sont des spécimens d'un
art original et puissant[1] »; puisque c'est à lui que

---

1. Natalis Rondot, *Rev. num.*, 1885, p. 212.

l'on doit attribuer, en réalité, la plupart des médailles
françaises de cette époque. Son influence sur les
médailleurs français est indéniable aussi. Chez nous,
il est au moins l'égal des Colomb, des Nicolas de Florence, des Nicolas Leclerc et des Jean de Saint-Priest,
et il très supérieur à Jéronyme Henry qui l'a imité [1]
sans pouvoir s'approprier sa correction et sa force, la
distinction de son style, l'expression concentrée et
vivante de ses physionomies.

On donne Candida comme élève de Pollajuolo [2] ;
mais nous verrons que son style héroïquement
simple n'a rien de commun avec celui, très compli-
qué, qu'on est convenu d'attribuer à Pollajuolo.

C'est l'article d'Aloïss Heiss que nous visons surtout ici ; car cet auteur a prêté l'autorité de son nom à
des groupements erronés proposés par d'autres auteurs, mais adoptés par lui [3]. On se rappelle peut-être
que Heiss a réparti en cinq groupes les médailles qu'il
attribue à Candida : « 1º style italien, imitation de
Pollajuolo ; 2º style italien-bourguignon ; 3º style
bourguignon pur ; 4º revers avec devises et armoi-
ries », groupe formé presque entièrement de médailles
exécutées en France. Un 5ᵉ groupe, supplémentaire,
comprend les médailles douteuses.

En réalité, ces cinq groupes doivent se réduire à
quatre, car il faut avouer tout d'abord, avec M. Natalis
Rondot [4], que ces nuances de style italo-bourguignon

---

1. Cf. Natalis Rondot, *Jéronyme Henry*, Lyon, 1892, p. 17.
2. A. Heiss, *Rev. num.*, 1890, p. 473. — *Uebersicht der Kunsthistorischen
Sammlungen des Allerhöchsten Kaiserhauses*, Vienne, 1891, p. 151.
3. *Rev. num.*, 1890, pp. 475-476.
4. N. Rondot, *Jéronyme Henry*, p. 17.

et bourguignon pur me paraissent insaisissables. Je vais même plus loin ; Jean de Candida ne me paraît pas avoir pu adopter, à la suite de son séjour en Flandre et en Bourgogne, « la manière des médailleurs flamands, » puisque cette école flamande n'existait pas encore et qu'il en est le premier maître. D'ailleurs, si l'on veut bien admettre les suppressions indispensables que nous allons proposer, il restera bien peu de chose de ces groupes. Du groupe italien, nous retranchons trois pièces sur quatre ; le groupe italo-bourguignon disparaît tout entier, ainsi que le groupe des médailles douteuses ; et le quatrième groupe ne reste pas lui-même complètement à l'abri, car il faut encore éliminer la médaille de Pierre Briçonnet.

(A). *Antonio Gratia Dei, Philippe de Médicis, Frédéric III.*

Maintenant qu'on s'est bien pénétré du style de Candida, on pourra faire justice en un seul coup des trois médailles suivantes :

1° *Antonio Gratia Dei.* — : ANTONIUS GRATIA DEI CESAREVS ORATOR : . Buste, à droite ; au dessous, : MORTALIVM CVRA.

℞. Char triomphal rempli d'une multitude de personnages et traîné par deux lions. A l'exergue : VOLENTEM DVCVNT | NOLENTEM TRAHUNT.

Rev. num., 1890, pl. XI, n° 3, et pp. 464-465 et 476.

2° *Philippe de Médicis.* — PHILIPPVS DE | MEDICIS | ARCHIEPISCHOPVS PISANVS. Buste, à gauche, dans un ornement ovale, autour duquel s'enroule une banderolle sur laquelle on lit, VIRTV-TE SVPERA.

℟. Le jugement dernier. A l'exergue, en trois lignes : ET IN CARNE MEA VIDEBO | DEVM SALVATOREM | MEVM.

A. Heiss, *Rev. num.*, 1890, pl. XII, n° 1, et pp. 467, 475- 476. — Armand, t. I, p. 11, n° 33.

3° *Frédéric III, empereur d'Allemagne.* — FRE-dERIGVS (*sic*) TERCIVS | ROMANORUM IMPE-RATOR SEMPER | AVGVSTVS. Buste, à gauche.

℟. Le pape et l'empereur, entourés d'un cortège nombreux, se rencontrant sur un pont, sur la balus-trade duquel on lit : CCXXII EᑫVITES | CREAT KALEN | DI IANVARI | MCCCCLXIX [1].

Ces médailles ne se ressemblent que par le grand nombre des personnages et la complication des sujets du revers. En tout cas, elles hurlent de se trouver mêlées à l'œuvre de Candida, d'une simpli-cité si saisissante et avec lequel elles n'ont rien de commun ni dans la conception, ni dans l'exécution. Nous avons déjà dit sur quelle pétition de principes s'appuie A: Heiss pour donner à Candida d'abord la médaille de Philippe de Médicis, ensuite les deux autres, par comparaison avec elle. On se rappelle son raisonnement : le Philippe de Médicis a été attribué à tort à Pollajuolo ; c'est à Candida qu'il faut le don-ner, parce qu'il a été élève de Pallajuolo, fait établi par l'ancienne attribution de cette médaille à Polla-juolo lui-même.

---

1. Armand, *loc. cit.*, II, p. 39. n° 1. — A. Heiss, *loc. cit.*, pl. XII ; pp, 470, 475-76.

Quelles que soient les différences de style qui séparent ces pièces de celles de Candida, les deux premières n'en sont pas moins des œuvres d'une incontestable valeur. Quant à la troisième, celle d'Antonio Gratia Dei [1], elle est, pour le droit surtout, une œuvre absolument inférieure, incorrecte comme silhouette et comme modelé ; l'œuvre d'un lourdaud qui a imité, en l'abîmant, le buste signé par Candida, sans en sentir ni l'élégance, ni la correction ; sans même comprendre le costume, devenu inexplicable sur sa médaille, parce qu'il n'a pas saisi ce qu'était cette espèce de pèlerine à capuchon, transformée par lui en une draperie informe. Du revers de cette pièce, il n'y a pas à s'occuper, pas plus que des autres, d'ailleurs, car il n'a aucune parenté même lointaine avec les œuvres de Candida.

Sur cette médaille, Antonio Gratia Dei porte le titre de *Cesareus orator*. Cependant il semble être toujours resté au service de la cour romaine ; car nous retrouvons encore sa signature apposée au bas d'une bulle enregistrée à la chambre apostolique au mois de septembre 1529 [2]. Nous ignorons absolument à quelle époque il a pu obtenir ce titre d'ambassadeur de l'empereur d'Allemagne, qui lui est attribué sur sa médaille. Passons au groupe italo-bourguignon.

(B). *Charles le Téméraire, le Grand Bâtard, Galeotta.*

Ce groupe se compose uniquement des trois belles

---

1. Nous prions le lecteur de se reporter à la planche de Heiss (*Rev. num.*, 1890, pl. XI), où les deux médailles d'Antonio Gratia Dei sont placées l'une au-dessus de l'autre.

2. Rymer, *Fœdera*, t. VI, 2ᵉ partie, p. 137.

pièces de Charles le Téméraire, du Grand Bàtard de Bourgogne et de Jacopo Galeotta, que M. Prosper Valton a démontré avoir été exécutées par le même artiste [1]. Je regrette que cet artiste ne soit pas notre Jean de Candida, car ces portraits sont des œuvres originales et puissantes. Mais elles n'ont rien de commun avec celles de notre médailleur, si ce n'est d'avoir été exécutées dans les domaines de la maison de Rourgogne, vers la même époque que les premières médailles de Candida ; or c'est justement de celles-là qu'elles diffèrent le plus. La fonte est épaisse, lourde d'aspect, mais le style est énergique et fier ; le modelé est moins délicat que dans nos pièces et le relief plus fort ; les lettres diffèrent, ainsi que les couronnes encadrant les types du revers ; le filet saillant qui sert de bordure, au droit, n'apparaît que beaucoup plus tard sur les pièces de Candida, et pendant la seconde période seulement. En un mot, les premières pièces de notre médailleur ont un caractère tout autre, plus élégant, plus tempéré, moins abrupt.

(C). *Charles le Téméraire et Maximilien.*

Mais enfin Candida, serviteur de Charles le Téméraire, n'a-t-il donc exécuté aucune médaille à l'effigie de son maître? C'est douteux. Voici en tout cas la seule pièce qu'on puisse lui attribuer.

1° *Charles le Téméraire et Maximilien.* — · : CA-

1. *Rev. numism.*, janv. 1887, pl. III, *Notice sur une médaille faite au XV siècle à la cour de Bourgogne.* — Cf. A. Heiss, *Rev. num.*, 1890, pp. 475-476. — Pinchart *loc. cit.* p. 2.

ROLVS : · | · BVRGVNDVS : · Buste de Charles
le Téméraire, à droite, cuirassé, coiffé d'un bonnet
très enfoncé en arrière et relevé tout autour par un
large pli.

℞. MAXIMILIANVS AVSTER. Buste de Maximilien, à droite, cuirassé ; sa longue chevelure coupée
droit sur le front et tombant sur le dos ; coiffé d'un
élégant petit bonnet, à la florentine, occupant seulement le sommet de la tête, retroussé en arrière par
un petit pli et semblable à celui que porte Alphonse
d'Este sur la médaille modelée en 1492 par Niccolò
Fiorentino. Sous le buste : OPVS CARO.

Bronze ; diamètre, 39 millimètres.

Van Mieris, t. 1, p. 147. — Heraeus, pl. XIV,
n° 12. — Armand, t. I, p. 58.

L'exemplaire du Musée de Vienne, dont je possède,
grâce à l'obligeance de M. Kenner, un excellent moulage, n'a ni grènetis, ni cordon ; mais certains surmoulés
modernes font croire à l'existence de l'un ou de
l'autre sur l'original.

A en juger par la physionomie de Maximilien,
cette pièce est contemporaine du n° 4 de notre planche
VII, c'est-à-dire de la médaille commémorative du
mariage de l'archiduc avec Marie de Bourgogne, et
postérieure, par suite, à la mort de Charles le Téméraire. On voudra bien remarquer, d'ailleurs, qu'entre
les deux effigies de Maximilien, il n'y a pas que des
ressemblances de physionomie ; le port de la tête, la
coupe du buste, la disposition de la chevelure, la
façon de modeler sont les mêmes ; et on remarquera
encore que le bas du petit bonnet est à peu près à

la même hauteur que le bas de la torsade qui servait
de couronne sur la médaille du mariage.

Un autre motif qui nous porte à croire cette même
pièce postérieure à la mort du Téméraire, c'est que
l'effigie de ce dernier n'y est pas modelée d'après
nature, mais d'après la belle médaille de l'artiste
inconnu dont nous venons de parler. Qu'on examine
attentivement les deux têtes : malgré des façons différentes de modeler, malgré un relief moins abrupt,
la physionomie reste la même, et qui plus est, les petits
détails sont semblables ; ainsi, les principales mèches
de cheveux sont disposées d'une façon identique. Ce
bonnet déroute un peu au premier coup d'œil, mais
on remarquera que son bord inférieur épouse exactement la ligne basse du contour de la couronne, à
laquelle a été substitué le replis de ce même bonnet.

Cette pièce est absolument dans le style de Candida ; même proportion des lettres, même sentiment
dans le modelé.

Malheureusement, tous les exemplaires de cette
pièce de Charles le Téméraire et de Maximilien,
dont nous avons pu nous procurer des reproductions,
sont très retouchés, et c'est le fait même de ces
retouches qui nous fait hésiter. Les lettres de la
signature sont refaites, c'est certain, et il faut lire
actuellement : OPVS CARO. La médaille devrait
donc être attribuée à un inconnu du nom de Caro,
qui aurait démarqué, à son profit, les deux effigies
en les modifiant un peu.

Quant à nous, nous serions assez porté à croire
qu'il n'en doit pas être ainsi, et qu'il faut lire : OPVS

CAND(ide), les deux dernières lettres ND ayant été transformées en RO par suite d'un changement facile à comprendre, et d'ailleurs léger, imputable à un ciseleur ignorant. Nous souhaitons que la découverte d'un exemplaire non retouché vienne trancher définitivement la question.

Il peut y avoir des doutes pour la médaille qui précède; mais non pas, selon nous, pour la suivante.

2° *Maximilien*. — ✠ MAXIMILIANVS DVX AVSTRIE BVRGVND. Buste de Maximilien, à droite, copié sur celui de la deuxième médaille de ce prince par Candida (pl. VI, n° 5). C'est là simplement le buste agrandi de la pièce de 1479.

℞. IE LAY EMPRINT MCCCCLXXVIII. Au milieu d'un semis de fusils et de toisons (?), une Toison d'or, plus grande, suspendue à un fusil, qui est aussi plus grand que les autres.

Diamètre, 95 millimètres environ. — Heraeus, *loc. cit.*, XXI, 6. — Marquard Herrgott, *Monumenta aug. domus Austriae*, t. II, Fribourg, 1752 et 1753, pl. X, n° 9 ; p. 21.

D'après la date inscrite au revers, cette médaille aurait été exécutée en 1478. Mais ce n'est là qu'une restitution, exécutée, selon nous, pour rappeler la nomination de Maximilien à la dignité de chef de l'Ordre de la Toison d'or. Nous ne connaissons de cette pièce que des reproductions gravées, mais cela nous suffit pour déclarer que le style est mauvais. La forme des lettres et l'incorrection de la légende composée de caractères gothiques et de capitales romaines, ainsi que la transcription fautive et écourtée : **Ie LAY EMPRINT**, au lieu de la devise : *Je l'ai emprins bien en aviengne*, tout cela indique une époque récente. Si le buste de Maximilien a conservé du caractère, c'est qu'il n'est qu'une copie agrandie de celui modelé par Candida.

(D). *Raymond Lavagnol.*

Parmi les médailles dont le style se rapproche le plus de celui de Candida, il faut signaler la restitution de Raymond Lavagnol, comte et commissaire de Saxe [1]. Dimension, style, coiffure, costume ressemblent assez à ceux des médailles de Maximilien et de Jean de la Gruthuse ; mais les exemplaires que nous connaissons (collection G. Dreyfus et Cabinet de France) sont trop flous pour que nous puissions décider avec quelque sécurité. Cette médaille est d'un faire facile, mais moins serré, moins précis que celui des médailles authentiques de Candida déjà décrites ici et figurées.

(E). *Francesco Accolti et les Canacci.*

Les trois médailles de Francesco Accolti, de Giovanni Canacci, et d'Antonio Canacci et Filippa Stufa ne méritaient en aucune façon d'être prises au sérieux et reproduites hors texte [2]. En ce qui concerne les deux premières, Aloïss Heiss a eu tort de se laisser entraîner par l'opinion du *Trésor de numismatique*,

---

1. Armand, *loc. cit.*, t. II, p. 9, n° 10.
2. A Heiss, *Rev. num.*, 1890, pl. XIII, 3, et pl. XVI, 1 et 2 ; pp. 458-459, 476-478, 472-473,

confirmée par l'autorité d'Armand [1], et d'ajouter de son propre chef une troisième pièce *ejusdem farinæ*.

Ce groupe est parfaitement homogène, et, si l'on en juge par la gravure de Litta reproduite par A. Heiss, le Francesco Accolti ne détonne pas à côté des deux Canacci. A ce groupe, il faut ajouter une quatrième médaille, non signalée par Heiss dans son article, celle d'un certain Giuliano Canacci [2].

Voici comment on a procédé à l'exécution de ces quatre pièces. A une époque quelconque, impossible à déterminer à cause de la barbarie du style, à la fin du xvie siècle ou au xviie, si l'on veut, un goujat, désireux de confectionner une petite galerie d'ancêtres pour la famille Canacci et de rappeler une illustration chère aux Accolti, s'est procuré des moulages de médailles communes ; puis, au moyen d'une pointe grossière, d'un vieux clou, il a défiguré l'effigie avec une férocité qui n'a rien respecté, et cela fait, il a remplacé la légende primitive, par une légende nouvelle d'une sauvagerie parfaite.

Nous avons retrouvé tous les prototypes de ces pièces. C'est ainsi que le Francesco Accolti n'est qu'un Robert Briçonnet consciencieusement démarqué ; le Giovanni Canacci est un Giovanni Lodovico Toscani défiguré, avec le *Marcet sine adversario virtus* de Briçonnet ; la célèbre pièce de Louis XII et

1. *Trés. de num.*, inéd. fr., 1re partie, pl. XLI, L. « Fr. Accolti et G. Canacci sont de la même main que Robert Briçonnet ». — Armand, t. II, p. 85. Briçonnet « paraît être de la même main que les médailles de Francesco Accolti et Giovanni Canacci ».

2. Armand, t. III, p. 247, D. — A. Heiss, *Les Médailleurs italiens, Florence*, 2e partie, pl. XVIII, n° 6. — Cf. *Le Gallerie nazionali italiane* (1re année, Rome, 1894, in-4°, pp. 51 et 52), où les trois médailles de Giovanni, de Giuliano et d'Antonio Canacci sont attribuées à Sperandio.

d'Anne de Bretagne est devenue (A. Heiss en a déjà fait la remarque) la médaille d'Antonio Canacci et de Filippa Stufa ; enfin, le Victorien de Feltre de Pisanello a été transformé en un Giuliano Canacci, dont le revers porte un horrible palmier accompagné de la légende suivante : ITA ET VIRTVS. De ces métamorphoses, nous retenons, du moins, un fait intéressant et bien constaté, la vogue du Guillaume Briçonnet de Candida.

(F). *Pierre Briçonnet.*

PETRVS · BRICONNET · MILES · FRANCIAE · GE-NERALIS · Buste de Pierre Briçonnet, à droite, en béret, cheveux et favoris longs et frisés ; au dessous : M · CCCCC · III.

℞. DITAT SERVATA FIDES. Deux Génies nus, debout, portant une corne d'abondance [1].

C'est à dessein que nous avons laissé de côté cette pièce admise comme authentique par les auteurs du *Trésor de numismatique* et par Armand. Elle est admirablement conservée, et ce parfait état de conservation, a fait rejeter par Aloïss, Heiss [2] la seule pièce authentique, celle de notre planche XIII. La médaille que nous venons de décrire a été gravée vers le commencement du xviiᵉ siècle ; la tête est copiée sur celle de Pierre Briçonnet, le costume sur celui, mal compris, de Thomas Bohier. Nous sommes ici en présence d'une simple restitution.

---

1. *Trés. de num.*, méd. fr., 1ʳᵉ partie, pl. XLIII, n° 4. — Armand, t. II, p. 143, n° 18.

2. A. Heiss, *Rev. num.*, 1890, pl. XV, n° 2, et pp. 460-461, 476-477.

Plusieurs choses auraient pourtant dû attirer l'attention : 1° la frappe, en 1503, d'une pièce d'un tel module et d'un tel relief, bien avant l'introduction en France des engins d'origine allemande ; 2° le style ; 3° le fait d'avoir employé, pour Pierre Briçonnet, une devise qui appartenait en réalité, selon Guy Bretonneau, à son frère Guillaume, l'archevêque de Reims.

(G). *François I.*

FRAN.DVX·VALESIE·COM·ENGOLESME. Buste, à droite, en tout semblable comme disposition à celui de la médaille de Candida.

℞. +VITA+ET+MORS. Salamandre, à droite, au milieu des flammes ; copiée sur celle de Candida [1].

Bronze, Cabinet de France ; 32 millimètres de diamètre.

Cette médaille est une œuvre suffisamment distinguée pour mériter, au premier abord, d'être attribuée à Candida ; cependant elle n'est qu'une copie de la médaille de 1504. Elle a un certain charme, il est vrai, une certaine élégance ; mais tout cela n'est pas sans quelque banalité aussi ; et nous ne retrou-

1. Armand, t. II, p. 187, n° 2.

vons plus cette décision et cette fermeté, ces accents
de nature et de vie qui sont les caractéristiques de
toutes les œuvres du maître.

Nous n'avons pas à reparler ici de la médaille ovale
à l'effigie de Candida. Nous avons déjà dit ce que
nous en pensons : elle n'est pas de la main de notre
artiste, et elle a, au contraire, de très grandes ressemblances avec les médailles de Lysippe. Mais voici,
sous la forme d'une charmante pièce, naguère inconnue, un nouvel argument à l'appui de cette opinion.

Il existe, en effet, une médaille, sûrement de la
même main que la précédente, où le même Jean de
Candida est représenté presque enfant ; à un âge, en
tout cas, où l'artiste le plus précoce serait sûrement
incapable de produire une œuvre aussi délicatement
savante. Quelle souplesse dans cette effigie et quelle
habileté d'exécution ! Nous regrettons qu'on ne
puisse juger du style que par ce simple croquis [1].

1. Nous remercions vivement M. de Nolhac, directeur du Musée de Versailles
d'avoir bien voulu nous signaler cette pièce, récemment reproduite dans le
1ᵉʳ volume des *Gallerie nazionali italiane* (année 1894, pl. XII, n° 4, et p. 52),
et M. E. Muntz, de nous avoir permis, en nous communiquant cette publication, de mettre sous les yeux de nos lecteurs un dessin de cette précieuse

Cette pièce si rare, et peut-être unique, est remarquable encore à un autre titre, par l'âge du personnage représenté ; on sait, en effet, que les enfants, à l'époque de la Renaissance, ne figurent guère sur des médailles que lorsqu'ils sont princes souverains.

Candida n'est pas coiffé ici du bonnet, comme dans la médaille ovale, et ses cheveux légers et touffus flottent en masse sur la nuque ; mais il porte déjà. ce semble, le même costume que sur l'autre pièce, c'est-à-dire la robe et le petit manteau On peut donc supposer qu'il était déjà clerc ou du moins élève dans quelque séminaire ecclésiastique, ce qui viendrait encore confirmer nos précédentes hypothèses sur la jeunesse de notre artiste.

Il existe encore des médailles qui ont été rapprochées de pièces attribuées par nous à Candida, ou dont le style a des analogies avec celui de cet artiste ; mais le lecteur fera de lui-même bonne justice des fausses attributions. Nous ne voulons pas pousser plus loin cet examen. Notre intention a été de nous occuper seulement des pièces formellement attribuées à notre médailleur, ainsi que de quelques copies ou pastiches qui auraient pu tromper les amateurs.

Nous voici donc au bout de notre étude. Quels sont les résultats acquis et que devons-nous conclure ? Selon nous, Candida doit avoir une place absolument à part parmi les artistes italiens venus en France ;

médaille, restée si longtemps ignorée au milieu des collections du Musée d'Este à Modène.

Le rédacteur de l'article des *Gallerie nazionali italiane*, adoptant complètement l'opinion de A. Heiss, paraît persuadé que Candida est Florentin.

mais, comme protagoniste des idées artistiques et
littéraires de la Renaissance italienne, c'est peut-être
le premier rang qu'il faut lui réserver. Sous François I, beaucoup d'artistes italiens ont envahi la
France et ont pris chez nous une trop large place ;
le chemin était tracé alors, la place était conquise ;
toutefois, ils avaient enfoncé à si grand fracas une
porte déjà ouverte, qu'on les avait pris jusqu'à présent pour de vrais conquérants artistiques. Mais, cette
voie, qui, mieux et plus lôngtemps que Candida, a
contribué à la leur préparer, qui, plus que Candida,
a travaillé à ouvrir la porte qui donnait accès dans
la place?

On se rend compte aisément de l'effet produit dans
un milieu raffiné par la venue de Jean de Candida.
Ce napolitain, jeune, noble, beau, bien disant, à la
fois littérateur et artiste, arrive de ce côté des Alpes
au moment où n'ont guère apparu encore que Pietro
da Milano et Francesco Laurana, et encore n'ont-ils
fait que passer. L'art italien est alors dans toute la
fleur de sa jeunesse, Candida en est le représentant
et l'apôtre. Qui pourra donc résister à tant de séduction? Porteur de cette bonne nouvelle, notre artiste
prêchera, par la parole et par l'exemple, pendant
trente ans dans les pays franco-bourguignons, pendant plus de vingt ans à la cour de France. Or, l'on
peut affirmer qu'il n'a jamais été donné, ni alors ni
depuis, à un artiste étranger de jouer chez nous un
rôle semblable à celui de Candida. Quel autre
artiste, en effet, a été chargé de représenter le roi
de France à l'étranger, quel autre a été pendant si

longtemps assidu à la cour, quel autre a été lié avec
des amis aussi haut placés dans l'estime et dans l'affec-
tion royales ? Même sous François I, les plus grands
artistes mendient la faveur des puissants, Candida,
lui, traite avec eux d'égal à égal. Cette influence de
Candida bien constatée, ne peut on pas lui attribuer,
pour une certaine part, la faveur qu'obtint chez nous
l'école napolitaine sous nos rois Charles VIII et
Louis XII et son triomphe officiel dans la personne
du Modanino ?

Si la valeur intellectuelle de Candida, sa situation
sociale en France, son long séjour à la cour ont contribué à asseoir son influence sur l'esprit de ses
contemporains, que dire de son œuvre ? Aux origines
de la médaille française, Candida se montre notre
médailleur le plus fécond, et jusqu'à la fin du xvi⁰
siècle, nous ne trouvons pas en France d'artiste qui
ait à mettre en ligne un aussi grand nombre de pièces.
Son intervention dans l'histoire numismatique fait
disparaître cette regrettable lacune que déplorait
M. Natalis Rondot, désespéré de ne pas connaître
l'auteur de tant de « spécimens d'un art original et
puissant ».

Les médailles de Candida sont des œuvres de sculp·
ture toujours larges, simples, bien équilibrées ; ce
sont d'excellents modèles, qui ont eu sûrement une
heureuse influence sur la sculpture décorative française. Qu'on ne s'y trompe pas ; à cette époque, pas
une manifestation d'art n'a eu plus d'importance au
point de vue de la propagation des exemples et des
doctrines artistiques que les médailles et, si l'on veut

aussi, les plaquettes. Cela se comprend : un tableau
se déplace difficilement, une fresque, une statue ne
se déplacent pas du tout ; tandis qu'une médaille
se répand partout, et, sous une petite surface,
peut donner au véritable artiste la sensation d'une
belle et grande chose. C'est précisément vers cette
fin du xve siècle que les médailles prennent possession de la faveur universelle ; partout, les copies de
celles-ci s'installent dans les monuments et enva-
hissent l'architecture [1]. D'ailleurs, l'importance des
personnages dont les effigies composent la petite
galerie créée par Candida devait la rendre célèbre
et la faire se répandre partout, et c'est, en effet,
ce qui est arrivé. Les innombrables copies allemandes
signalées par nous, aussi bien que les imitations
françaises et les pastiches italiens, montrent l'éten-
due, la portée, la persistance de cette influence, et
la popularité de l'œuvre de Candida.

Cette influence était, hâtons-nous de le dire, de
fort bon aloi, car les tendances de Candida sont toujours des plus élevées. Dans ses portraits, il cherche
avant tout à exprimer la personnalité et la vie, et il
va droit à ce but avec une merveilleuse franchise ;
l'élégance et la beauté lui viennent par surcroît. Il a
l'horreur de la sècheresse, et par contre, le goût des
contours arrondis, des chairs pleines où le sang paraît
couler, où la vie s'épanouit. Les narines respirent.
Quelquefois les lèvres se portent un peu en avant, les
joues se gonflent aux extrémités de la bouche, et il

---

1. Cf. Molinier, *Les Plaquettes*, Paris, 1886, in-8°, t. I, Introduction,
passim.

*

en résulte une sorte de moue gracieuse, qui s'harmonise avec l'expression un peu voilée de l'œil, et donne à certains de ses portraits un cachet d'aimable et mystérieuse mélancolie. On ne peut concevoir des arrangements plus simples et en même temps plus élégants que ceux de ses médailles. Nous ignorons ce qu'était sa sculpture, mais la valeur des médailles nous est un sûr garant de son mérite. Cependant, si on voulait savoir l'idée que nous nous en faisons, et nous contraindre à prendre un exemple parmi les œuvres connues, nous désignerions volontiers le buste de Charles VIII, conservé au Bargello, et que l'on a coutume d'attribuer au sculpteur florentin Pallajuolo [1]. Cette terre cuite, elle aussi, est empreinte de ce réalisme vivace et plein de gravité que l'on trouve toujours dans les œuvres de notre Jean de Candida. Le *plasticatore*, auteur du Charles VIII, a, comme Candida dans toutes ses œuvres, de hautes ambitions. Révéler le caractère, l'âme ; c'est ce qu'il veut avant tout. Aussi, sacrifie-t-il tout ce qui n'est pas indispensable à l'effet cherché ; simplifiant à outrance, tout en laissant à la forme son réalisme ; ne reculant pas devant la laideur physique, mais relevant, ennoblissant par la largeur de la conception et de l'exécution, et la vivacité du style, cette trivialité de la forme.

Et maintenant, pense-t-on qu'un tel maître méritait de fixer l'attention, et ses œuvres valaient-elles la peine d'être soigneusement colligées ?

1. Communication de M. Marcel Raymond, de Grenoble, au congrès des soc. savantes à la Sorbonne, 1895. — Cf. la belle héliogr. publiée par M. H. F. Delaborde, en frontispice de *l'Expédition de Charles en Italie*.

Voilà donc l'homme, voilà l'artiste dont nous avons étudié la vie et les œuvres. Nous serons satisfait si nous avons pu faire connaître et apprécier Jean de Candida à sa juste valeur, et si nous avons pu faire partager la conviction à laquelle nous a amené une étude longue et attentive.

1

2

3

4

5

G

JEAN DE CANDIDA

11

12

13

14

15

16

www.ingramcontent.com/pod-product-compliance
Ingram Content Group UK Ltd.
Pitfield, Milton Keynes, MK11 3LW, UK
UKHW020201130726
13696UKWH00002B/645